U0724968

中华复兴之光
神奇建筑之美

孔府孔庙孔林

胡元斌 主编

汕头大学出版社

图书在版编目（CIP）数据

孔府孔庙孔林 / 胡元斌主编. -- 汕头 ：汕头大学
出版社，2016.3（2023.8重印）
　　（神奇建筑之美）
　　ISBN 978-7-5658-2459-3

　　Ⅰ．①孔… Ⅱ．①胡… Ⅲ．①孔庙—介绍—中国
Ⅳ．①K928.75

中国版本图书馆CIP数据核字(2016)第044189号

孔府孔庙孔林　　　KONGFU KONGMIAO KONGLIN

主　　编：胡元斌
责任编辑：宋倩倩
责任技编：黄东生
封面设计：大华文苑
出版发行：汕头大学出版社
　　　　　广东省汕头市大学路243号汕头大学校园内　邮政编码：515063
电　　话：0754-82904613
印　　刷：三河市嵩川印刷有限公司
开　　本：690mm×960mm 1/16
印　　张：8
字　　数：98千字
版　　次：2016年3月第1版
印　　次：2023年8月第4次印刷
定　　价：39.80元
ISBN 978-7-5658-2459-3

版权所有，翻版必究
如发现印装质量问题，请与承印厂联系退换

前言

党的十八大报告指出："把生态文明建设放在突出地位，融入经济建设、政治建设、文化建设、社会建设各方面和全过程，努力建设美丽中国，实现中华民族永续发展。"

可见，美丽中国，是环境之美、时代之美、生活之美、社会之美、百姓之美的总和。生态文明与美丽中国紧密相连，建设美丽中国，其核心就是要按照生态文明要求，通过生态、经济、政治、文化以及社会建设，实现生态良好、经济繁荣、政治和谐以及人民幸福。

悠久的中华文明历史，从来就蕴含着深刻的发展智慧，其中一个重要特征就是强调人与自然的和谐统一，就是把我们人类看作自然世界的和谐组成部分。在新的时期，我们提出尊重自然、顺应自然、保护自然，这是对中华文明的大力弘扬，我们要用勤劳智慧的双手建设美丽中国，实现我们民族永续发展的中国梦想。

因此，美丽中国不仅表现在江山如此多娇方面，更表现在丰富的大美文化内涵方面。中华大地孕育了中华文化，中华文化是中华大地之魂，二者完美地结合，铸就了真正的美丽中国。中华文化源远流长，滚滚黄河、滔滔长江，是最直接的源头。这两大文化浪涛经过千百年冲刷洗礼和不断交流、融合以及沉淀，最终形成了求同存异、兼收并蓄的最辉煌最灿烂的中华文明。

五千年来，薪火相传，一脉相承，伟大的中华文化是世界上唯一绵延不绝而从没中断的古老文化，并始终充满了生机与活力，其根本的原因在于具有强大的包容性和广博性，并充分展现了顽强的生命力和神奇的文化奇观。中华文化的力量，已经深深熔铸到我们的生命力、创造力和凝聚力中，是我们民族的基因。中华民族的精神，也已深深植根于绵延数千年的优秀文化传统之中，是我们的根和魂。

　　中国文化博大精深，是中华各族人民五千年来创造、传承下来的物质文明和精神文明的总和，其内容包罗万象，浩若星汉，具有很强文化纵深，蕴含丰富宝藏。传承和弘扬优秀民族文化传统，保护民族文化遗产，建设更加优秀的新的中华文化，这是建设美丽中国的根本。

　　总之，要建设美丽的中国，实现中华文化伟大复兴，首先要站在传统文化前沿，薪火相传，一脉相承，宏扬和发展五千年来优秀的、光明的、先进的、科学的、文明的和自豪的文化，融合古今中外一切文化精华，构建具有中国特色的现代民族文化，向世界和未来展示中华民族的文化力量、文化价值与文化风采，让美丽中国更加辉煌出彩。

　　为此，在有关部门和专家指导下，我们收集整理了大量古今资料和最新研究成果，特别编撰了本套大型丛书。主要包括万里锦绣河山、悠久文明历史、独特地域风采、深厚建筑古蕴、名胜古迹奇观、珍贵物宝天华、博大精深汉语、千秋辉煌美术、绝美歌舞戏剧、淳朴民风习俗等，充分显示了美丽中国的中华民族厚重文化底蕴和强大民族凝聚力，具有极强系统性、广博性和规模性。

　　本套丛书唯美展现，美不胜收，语言通俗，图文并茂，形象直观，古风古雅，具有很强可读性、欣赏性和知识性，能够让广大读者全面感受到美丽中国丰富内涵的方方面面，能够增强民族自尊心和文化自豪感，并能很好继承和弘扬中华文化，创造未来中国特色的先进民族文化，引领中华民族走向伟大复兴，实现建设美丽中国的伟大梦想。

目 录

曲阜孔庙

圣人旧居的发展和演变　002

杏林及孔庙的进一步完善　019

文化的传承和祭孔礼仪　029

曲阜孔府

042 规模仅次于皇宫的孔府

057 底蕴深厚的孔府文化

071 尊贵典雅的孔府宴饮

曲阜孔林

规模宏大的孔氏家族墓地 080

墓葬制度中的"视死如生" 090

孟庙孟府

096 儒家亚圣的祭祀朝拜圣地

114 官衙与内宅合一的嫡裔宅第

曲阜孔庙

　　曲阜孔庙也叫至圣庙，是我国古代封建王朝祭祀孔子的礼制庙宇，在封建王朝时期，享有非常崇高的地位。

　　孔庙设计布局独特，古迹名胜众多，彰显了我国古代劳动人民的高度智慧和创造才能，在我国古代建筑史上占有重要地位，是我国的三大古建筑群之一。

　　同时，曲阜孔庙也是一组具有东方建筑特色、规模宏大、气势雄伟的古代建筑群，规模仅次于故宫建筑群，堪称我国古代大型祠庙建筑的典范。

圣人旧居的发展和演变

　　孔子，名孔丘，字仲尼，公元前551年生于鲁国陬邑，即山东曲阜。鲁国是周公儿子伯禽的封地，素有礼乐之邦之称。到孔子出生时，礼乐仍保持完好。

　　鲁国根深蒂固的礼乐传统对孔子有深刻的影响。孔子晚年致力于教育，整理《诗》《书》等古代典籍，纂修《春秋》。公元前479年，孔子去世，被葬在鲁城北的泗水之上。

　　孔子去世的第二年，鲁哀公为了表示对孔子的尊崇之意，就将孔子生前所居住的堂室封为"寿堂"，又将孔夫子平生的衣冠、琴、车、书等保存在寿堂中。

　　据《孔氏祖庭广记》第二卷记载："鲁哀公十七年立庙于旧宅，守陵庙百户。"

　　孔子的旧宅也称故宅门，里面有御赞碑亭一间，据说是孔子生前所居之堂的位置。

　　作为最初祭祀孔子的地方，孔庙里到处可见后来的历代皇帝、文人墨客以及达官贵人的踪迹。通过这些名人踪迹，可以反映出孔子这位至圣先师在人们心目中的地位。

　　公元前195年的冬天，汉高祖刘邦来阙里孔庙，并"以太牢祀孔子"，同时封孔子九代孙孔腾为"奉祀君"，这是帝王祭祀孔子的开始。

　　从哀公立庙到汉武帝"罢黜百家，独尊儒术"的300多年里，是我国思想发展史上的一个特殊时期，社会形态经过了从奴隶制向封建制的过渡，与奴隶制相适应的思想理论更替为与封建制相适应的儒学思想理论。

在这一重大转变的过程中，历经了战国时期的诸子百家争鸣、秦始皇焚书坑儒、汉初霸王道杂之等一系列思想运动。

儒家思想在孔子基本思想基础上经过曾子、子思、孟子及汉初儒生进一步改造和发展，在政治上适应了当时大一统社会的思想需要。

特别是董仲舒将儒家思想与神学有机结合，并创立了以儒家思想为基本内容的神学目的论，儒学第一次在理论上论证了封建中央集权的合理性和必要性。

儒家的这一思想正好迎合了汉武帝的统治需要，故而被推上了独尊的地位，孔子作为儒家思想的奠基人也就理所当然地被推上了圣人的地位。随着孔子的地位升高，祭祀孔子的庙宇也就越来越受到当朝皇室的重视。

　　到唐初，曲阜孔庙已经颇具规模。960年，宋太祖"谒孔子庙，诏增修祠宇，绘先圣先贤先儒像，释奠用永安之乐"。"962年诏祭孔子庙，用一品礼，立十六戟于庙门"。

　　1008年，宋真宗：

　　　　赐孔子庙经史，又赐太宗御制御书一百五十卷，藏于庙中书楼。

　　　　二年，春二月，诏立孔子庙学舍。三月颁孔子庙桓圭一，加冕九旒，服九章，从上公制。

　　　　夏五月，诏追封孔子弟子，秋七月加左丘明等十九人封爵。

　　　　1010年，颁释奠仪注及祭器图，建庙学。

　　金朝从1142年至1195年，修孔庙8次，元朝修孔庙13次，明朝23次，其中因1499年突发大火，孔庙遭受重大火灾烧毁殿庑各房123间。浙江道监察御史余廉奏请修孔子庙，历时4年功成，初步形成规模。

　　万仞宫墙原名为仰圣门，是明朝时曲阜城的正南门。1512年，明武宗下令建城卫庙，并"移城卫庙"，开始建设曲阜砖城，历时10年，在明嘉靖年间完成了以孔庙为中心的政治、经济、文化、军事功能齐全的曲阜县治的建设，使曲阜庙城的功能发生了具有历史意义的社会变迁。

　　于是，以孔庙、孔府为中心修筑了明曲阜城墙，并在与孔庙正南门相对处设立城正南门，与孔庙对应，相映成趣。

　　后来，清代的乾隆皇帝到曲阜来拜祭孔子，为了显示他对孔子的敬仰，就亲笔书写了"万仞宫墙"4个字镶于城门之上。

　　金声玉振是孔庙门前的第一座石坊，这里的"金声玉振"4个字还是有来历呢。据说，孟子对孔子有过这样的评价：

　　孔子之谓集大成。集大成者，金声而玉振之也。金声也金声玉振表示奏乐的全过程，击钟则表示金声开始，击磬则表示玉振告终。因此，孟子此语是以此象征孔子的思想集古圣先贤之大成，赞颂孔子对文化的巨大贡献。后来，人们就把孔庙门前的第一座石坊命名为"金声玉振"。

金声玉振坊石刻，有四楹，石鼓夹抱，四根八角石柱顶上饰有莲花宝座，宝座上各蹲踞一个雕刻古朴的独角怪兽"辟天邪"，俗称"朝天吼"。

两侧坊额浅雕云龙戏珠，明间坊额填色4个大字"金声玉振"，笔力雄劲，是明朝时期著名的书法家胡缵宗题写的。

坊后是一座单孔石拱桥，桥面是二龙戏珠的石阶，桥下清流呈半圆绕过，这就是泮水，可惜泮水被石块封盖，只有泮桥独存了。

桥后东西各有一通石碑，立于金明昌二年。石碑上刻有"官员人等至此下马"，因此，人称"下马碑"。过去文武官员、庶民百姓从此路过，必须下马下轿，以示尊敬。就连皇帝祭祀孔子也要下马而进，由此可见孔庙的地位。

棂星门是孔庙的第一道大门，棂星，即灵星，又名天田星，古人认为它是"主得士之庆"。古代祭天，先要祭祀灵星。孔庙设门名灵星，是说尊孔如同尊天。

棂星门为木质门，到了后来的清代，孔子的第七十一代衍圣公孔昭焕将其改为石质。棂星门在泮水桥后，四楹三间。四根圆石柱中缀有祥云，顶上雕怒目端坐的天将。

棂星门的额枋上雕有火焰宝珠，额坊由上下两层石板组成，下层刻有后来乾隆皇帝手书的"棂星门"3个大字，上层刻绦环花纹。

棂星门后有一坊，为至圣庙坊，上有题刻篆字，为"宣圣庙"3个字。后来改为至圣庙坊，为汉白玉石刻制，三间四柱，柱饰祥云，额坊上饰火焰宝珠。

后人为了赞颂孔子思想对我国社会所发生的深远影响，就使用了"德侔天地""道冠古今"8个字，意为孔子的主张是最好的。

　　因此，在孔庙第一进院落左右两侧，修建了两座对称的木质牌坊，东题"德侔天地"，西题"道冠古今"，为孔庙的第一道偏门。

　　两坊具有明显的明代建筑风格，建筑为三间四柱五楼，黄色琉璃瓦，如意斗拱，明间13踩，稍间9踩，中夹小屋顶5踩。坊下各饰有8只石雕怪兽。居中的4只天禄，披鳞甩尾，颈长爪利。两旁的4个辟邪，怒目扭颈，形象怪异。

　　圣时门的名称是由后来的清代皇帝命名的，据《孟子》记载：

伯夷，圣之清者也；伊尹，圣之任者也；
柳下惠，圣之和者也；孔子，圣之时者也。

　　意思是说，在圣人之中孔子是最适合时代的，所以雍正皇帝钦定孔庙正门名为"圣时门"。

圣时门在始建时为3间，后来扩建为5间，中设拱门3券，碧瓦歇山顶，四周是深红的墙皮，券内是杏黄的墙里，前后石阶上各有石刻龙陛。由拱门内望，有深邃莫测之感。

一过圣时门，便豁然洞开，偌大一个庭院，只见古柏森森，绿荫匝地，芳草如茵。迎面三架拱桥纵跨，一水横穿，碧波涣涣，荷叶田田，环水雕刻有玲珑的石栏。水"雍绕如璧"，故名"璧水"，桥因而得名，称"璧水桥"。

桥南有东西二门，甬道相连，东匾"快睹门"，取自李渤"如景星凤凰，争先睹之"语，即先睹为快之意。西匾"仰高门"取自《论语》中的"仰之弥高"语，赞颂孔子学问十分高深。

这是孔庙的第二道偏门，过去只有皇帝祭祀才可走正门，一般人只从仰高门进庙。

璧水桥北面有一门，名为"弘道门"。门修建很早，而弘道门之名始于清代，取《论语》中"人能弘道"之意，用来赞颂孔子阐发了尧舜禹汤和文武周公之道。

弘道门门下有元碑两通，东碑为"曲阜县历代沿革志"，记载了曲阜的变迁沿革，史料价值很高。西碑为"处士王处先生墓表"颇有书法价值，是后来移入孔庙保管的。

大中门原名"中和门"，中和意为用孔子的思想处理问题都可迎刃而解。明代扩建庙时改称大中门，以赞孔子的学问是集人类知识之大成，"中"取中庸之意，"中者天下之正道，庸者天下之定理"，中不偏，庸不易。

大中门较弘道门长且狭窄，共五间，大中门左右两旁各有绿瓦拐角楼一座，是为了使孔庙像皇宫一样威严而建的。角楼有3间，平面做曲尺形，立在正方形的高台之上，台的内侧有马道可以上下。

此两角楼瓦庙东北、西北两角楼构成一个巨大的长方形，以供守卫之用。

过大中门，即进入孔庙第四进庭院。院落疏阔，古树葱郁，禽鸟翔集，夏天鹳飞鹤舞，白鹭翩翩，冬春鹊鸣雀喧，昏鸦噪晚，显得十分幽深。

入大中门，迎面即为"同文门"。同文门有5间，两侧有回廊。同文门原名参同门，取孔子之德与天地参同之意。

因孔子一生从事教育活动，晚年从事整理我国古代文献工作，对我国文化的统一作出了重大贡献，故以同文命名。

门屋黄瓦歇山顶，斗拱布局疏朗。大门为以前我国传统的宫殿式建筑，在主体建筑之前常有小型建筑作为屏障，以表示庄严，同文门

就担当着奎文阁的屏障作用。"同文门"3个字为后来的清代乾隆皇帝亲手书写。

过了同文门，院北端一座高阁拔地而起，顶檐下群龙护绕的一块木匾上大书"奎文阁"3个字，它就是以藏书丰富、建筑独特而驰名中外的孔庙藏书楼。

奎文阁始名为藏书楼，奎文阁中的"奎"是星名，二十八宿之一，是西方白虎之首，有星16颗，"屈曲相钩，似文字之画"，所以《孝经》称"奎主文章"，后人进而把奎星演化为文官首。后代封建帝王为赞颂孔子，遂将孔庙藏书楼命名为奎文阁。

奎文阁结构合理，坚固异常，经受了几百年风风雨雨的侵袭和多次地震的摇撼，仍然无恙，岿然屹立。阁西碑亭中记载康熙年间地震的石碑，就是奎文阁坚固的旁证。

阁前廊下石碑两通，东为"奎文阁赋"，是明代著名诗人李东阳撰文，名书法家乔宗书写。西为"奎文阁重置书籍记"，记载着明代皇帝命礼部重修赐书的情况。

奎文阁前有两座御碑亭，亭内外共有4通御碑。每通高6米多，宽2米多，碑下刻作龟形的碑座高1米多。碑额精雕盘龙，绕日盘旋栩栩如生，碑文内容以尊崇孔子为主。

东南的"重修孔子庙碑"为明宪宗朱见深所立，俗称"成化碑"。碑文中极力推崇孔子的思想，其中有"朕惟孔子之道，有天下者一日不可暂缺"之句。字为楷书，书体端庄，结构严谨，以精湛的书法著称于世。

院的东西两侧各有一所独立的院落，名为"斋宿"，在祭祀孔子之前，祭祀人员要在此戒斋沐浴。东院是衍圣公的斋宿所，相传清代的康熙和乾隆皇帝在祭祀孔子之前曾在此沐浴。后来，东院被开辟成孔子生平事迹展览。

西院是从祭祀官员的斋宿所，清代中期被废弃。清道光年间，孔子第七十一代孙孔昭薰将孔庙内的宋、金、元、明、清五代文人谒庙碑130余通集中镶嵌在院墙上，改称"碑院"。

这里的碑碣或流畅奔放，飘逸自如；或丰润温雅，神采飞动；或端庄典雅，质朴古拙，蔚然大观。

过奎文阁为孔庙的第六进庭院，院落狭长，里面罗列矗立着13座碑亭，两行排列，斗拱飞翘，檐牙高啄，黄瓦耀金，鳞次栉比。

这13座碑亭是专为保存封建皇帝御制石碑而建造的，习称"御碑亭"。亭内存碑55通，分别是唐、宋、金、元、明、清等七代所刻。碑文多是皇帝对孔子追谥加封拜庙亲祭、派官致祭和整修庙宇的记录，由汉文、满文等多种文字刻写。

道北五座碑亭建于后来的清代康熙、雍正、乾隆年间，道南的8座

亭中，4座为金、元建筑，东起第三、第六座为金代所建，第四、第五座为元代所建，其余4座为清代所建。2座正方形的金代碑亭，斗栱豪放，布置疏朗，是孔庙最早的建筑。

各亭石碑多以似龟非龟的动物为鬼趺，名为"赑屃"，据说是它是龙的儿子。传说龙生九子，各有所能，赑屃擅长负重，故用于驮碑。

碑亭中最早的是两通唐碑，一是立于唐高宗总章年间的"大唐赠泰师鲁先圣孔宣尼碑"；一是立于唐玄宗时期的"鲁孔夫子庙碑"，两通石碑都位于南排开东起第六座金代碑亭中。

在孔庙内的1372通碑刻中，如果按重量来说的话，最重的一通碑应数清代的康熙御制碑，康熙御制碑位于大成门东侧。通碑碑身重35吨，连赑屃水盘共65吨重。

此院的东南、西南部，各有一片丛林似的碑碣。北墙朱栏内还镶着大量刻石，均为历代帝王大臣们修庙、谒庙、祭庙后所刻。如从书法艺术上来看，真草隶篆，各有千秋。

碑亭院两侧，东建有毓粹门，西建有观德门，供人出入，人们依

照皇宫之名，称为东西华门，这也是孔庙的第三道偏门。

碑亭北，有五门并列居中的一座门，名为"大成门"，它是孔庙第七道大门。

大成门初建之时名为仪门，"大成"是孟子对孔子的评价。他说："孔子之谓集大成"，赞颂孔子达到了集古圣先贤之大成的至高境界。后来因建造了大成殿而得名大成门。

原门3间，重建之后改用黄瓦、彩绘斗拱，前后各用四根石柱擎檐，前后中央四根深雕云龙蟠柱，其余四根为浅雕花纹，前后台阶中有浮雕龙陛，均为明代中期的雕刻。

大成门可以将孔庙分成3路，东为承圣门，院内为奉祀孔子上五代祖先的地方。西为启圣门，内奉祀孔子父母。中路3门并立，东西各有掖门，东为金声门，西为玉振门，中路为祭祀孔子夫妇及历代先贤先儒的地方。

大成门里东侧有一石栏，栏内有一棵桧树，相传为孔子亲手所植，故名"先师手植桧"。

这棵桧树最早记载见唐人封演所著《封氏闻见记》，书中写道：

兖州曲阜文宣王庙内并殿西、南，各有柏叶松身之树，各高五六丈，枯槁已久，相传夫子手植，永嘉三年其树枯死。

据说，手植桧树原本有3棵，在309年晋怀帝永嘉年间的时候枯死，在隋朝大业年间复生，唐代又枯，宋康定年间再生，在后来金贞佑年间毁于兵火。到此，相传原孔子手植的桧树绝迹。

1294年，三氏学堂的教授张阎将原东庑废墟上发出的桧树苗移栽到这里，才得以存有第四代手植桧。后来屡次遭遇大火，只剩下了约有半米高的树桩。

院内石栏内保留的是第四代树的树根，上面高耸的桧树是清代雍正年间复生的再生桧。因此如果算孔子亲植的，那么正好是第五代树。

手植桧树高大劲拨，围有两人合抱，枝冠似伞，树身似铜，高达15米，树头向南倾斜。清代复生的手植桧树的形状，竟和明代万历年间的圣迹图石刻上原手植桧的形状几乎完全一致。有人认为这与地理位置有关系，也有人说是孔子庇佑这方土地。

先师手植树历来都受到当权者重视，自古就有"此桧日茂则孔氏日兴"的说法。因此，人们经常将它和孔氏子孙的命运联系在一起。

宋代诗人米芾还曾将手植桧与帝王王朝的命运联系在一起，有诗为证：

矫龙怪，挺雄质，

二千年，敌金石，

纠治乱，如一昔。

树东立有一碑"先师手植桧"，字体酣畅，浑厚有力，是明代杨光训手书。

知识点滴

据记载，曲阜孔庙康熙御制碑的石料采自北京的西山，当时从北京将碑刻好，然后沿京杭大运河从通州运往济宁，中间用了两个多月的时间。

然后又从济宁运往曲阜，济宁至曲阜有45千米之远，征用了民工600人，耕牛443头，趁冬季寒冷，地上泼水结冰，碑从冰上滑行。

据文献上讲，每天走卧牛之地，这样45千米路运了整整15个昼夜，耗费库银600两，不可不说对这次运载的重视程度之大。

杏林及孔庙的进一步完善

　　紧接着，宋真宗又"命孔道辅修孔子庙"，修建了杏坛，杏坛是纪念孔子讲学的地方，最早的记载见于《庄子·渔父篇》：

> 　　孔子游乎缁帷之林，坐休乎杏坛之上，弟子习书，孔子弦歌鼓琴。

　　至于先前的杏坛位于何方，已经无法考证了。后来，孔子第四十五代孙孔道辅监修孔庙，就在将正殿扩建，位置后移，并在旧址的基础上"除地为坛，环植以杏"，即筑一个土台，周围植杏树，名为杏坛。

　　杏坛内有石碑两通，背东面西一碑为金承安年间文人党怀英的篆书"杏坛"两字，由孔子第五十一代孙孔元措立石于亭内，面南一碑为乾隆皇帝手书的《杏坛赞》，写道：

　　　　重来又值灿开时，几树东风簇绛枝，
　　　　岂是人间凡卉比，文明终古共春熙。

　　杏坛的建筑结构较为别致，四面悬山，十字结脊，巨角重檐，黄瓦朱栏，雕梁画栋，精美华丽，从四面观看，其形状一致，具有十分独特的建筑特点，在当时实属罕见。

亭周围有方正石栏，亭前水波花纹石雕香炉，相传是金代建造。

从杏坛北望，在双层石栏的台基上，一座金黄色的大殿突兀凌空，双重飞檐中海蓝色的竖匾上木刻贴金的群龙紧紧团护着3个金色大字"大成殿"。字径1米，是雍正皇帝亲手书写的。

大成殿是孔庙的主体建筑，是祭祀孔子的中心场所。后来据《孟子》"孔子之谓集大成"的语意，取名为"大成"。以赞颂孔子思想空前绝后，完美不缺，集古圣贤之大成。

大成殿始建于1018年。后来，人们看到的大成殿是雍正时期火后重建的。大成殿阔9间，深5间，主殿高25米、阔46米、深25米，重檐9脊，黄瓦飞甍，斗拱交错、雕梁画栋。

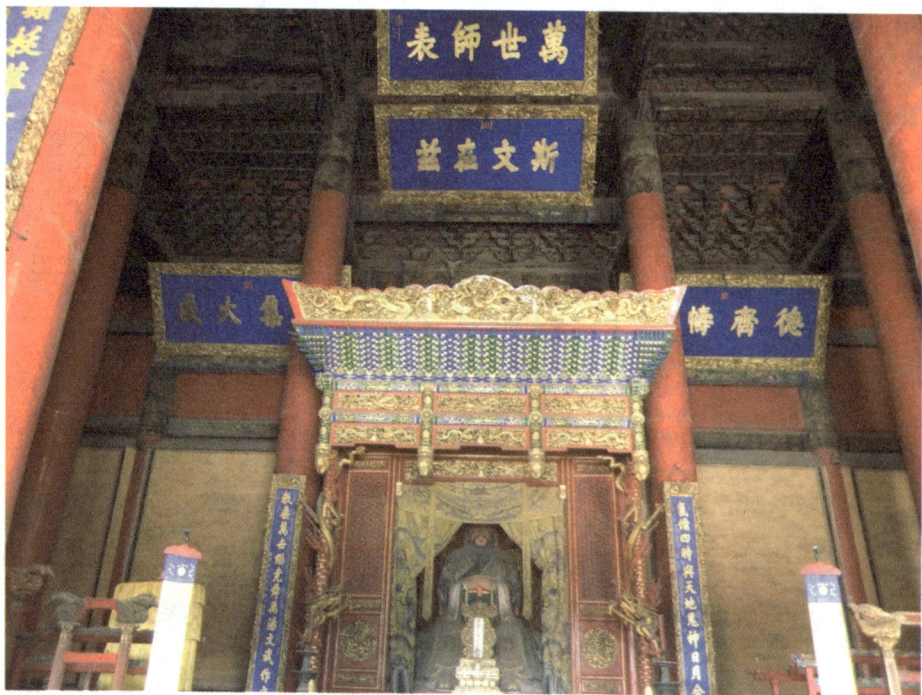

大成殿四周建有回廊，顶端檐吻足有一人之高，前檐下为10根透雕水磨大石柱，柱高6米，直径0.8米，每柱两龙对翔，盘绕升腾，中刻宝珠，四绕云焰，下饰莲花石座。

从底到上全部雕刻深邃，云龙腾起如飞，神态各异，远而望之，祥云之中蛟龙盘旋飞舞，惊讶万分。

大成殿两侧回廊和后面回廊下的18根石柱为八棱八面柱，上有浅雕云龙戏珠，每一面为9龙戏珠，每根柱上就有72条龙。

殿下有双层台基，前有高2米的大露台，东西宽约45米，南北35米，南有两层大型浮雕龙陛，四周围以双层石栏，石栏下东西南三面共突出24个石雕螭首，双层石栏设计规整古雅，大露台是祭祀孔子时舞蹈奏乐的地方。

整个大成殿气势雄伟，结构整齐，规模宏大，突兀凌空，金箔贴裹，群龙竞飞，具有明显的东方建筑特色。大殿内有9座大型神龛，17座塑像。中间一座是孔子，孔子像坐高3.4米，头戴冠冕，身穿王服，手捧镇圭。

从塑像上孔子的着装可以看出孔子的身份，唐玄宗时期追谥孔子为"文宣王"，着王者之服，但此王并不确切，因为王有君王和侯王区分，有人认为应属君王之王，也有人认为应属侯王之王。

宋真宗时期，又"加冕九族，服九章，从上公制"。因此看来，宋以前"文宣王"之王应属侯王之王，以后随着孔子的地位进一步升高而被确认为君王之王。所以，孔子身着的服装是西周的王服，也就是天子之制。

孔子塑像两侧神龛内为四配，东位面西的是复圣颜回和述圣孔伋，西位面东的是宗圣曾参和亚圣孟轲。四配塑像坐高2.6米，身穿公

服，手执躬圭，为古代的上公礼制，其后还有"十二哲"塑像。

大成殿内除17座塑像外，还有10方巨匾，都是后来帝王前来拜祭时题写的。

殿内正中一块是康熙皇帝手书的"万世师表"和光绪皇帝的"斯文在兹"匾额，两侧是咸丰和道光皇帝的题匾，南面是乾隆皇帝的"时中立极"等，门外正中的"生民未有"匾则是雍正皇帝的手书。

大成殿东西两侧的房子叫"两庑"，是后世供奉先贤先儒的地方。两庑里面配享的贤儒大都是后世儒家学派中的著名人物，如董仲舒、韩愈、王阳明等。在唐朝仅有20余人，经过历代增添更换，到后来达到156人。

这些配享的人物原先都是画像，到金代改为塑像。明成化年间一律改为写有名字的木制牌位，供奉在一座座的神龛之中，还在两庑中陈列了许多历代的石刻。

"老桧曾沾周雨露，断碑犹是汉文章"，在东庑中保存着40多块汉、魏、隋、唐、宋、元时期的碑刻，最为珍贵的是"汉魏北朝石刻"，共22块。

西汉石刻首推"五凤"，东汉石刻以"礼器""乙瑛""孔宙""史晨"碑为隶书珍品，北朝以"张猛龙"碑为魏体的楷模。

西庑内陈列的100多块"汉画像石刻"，也是久负盛名的艺术珍品。这些石刻，内容丰富，既有神话传说的"四象"，即青龙、白虎、朱雀、玄武，又有反映当时社会生活的捕捞、歌舞、杂技、行医、狩猎等，是研究我国汉代社会生活的珍贵资料。石刻的技法，有的细致精巧，有的粗犷奔放，各具风格。

两庑北部陈列有584块玉虹楼法帖，玉虹楼法帖是孔子第六十八代孙、衍圣公孔传铎的第五子孔继涑整理刻制而成的。

孔继涑是当时刑部尚书著名书法家张照的女婿，曾求学于张照，一生从事书法艺术的研究，名重当时，与梁同书齐名，并称为"南梁北孔"。

玉虹楼是孔继涑的书房号，所以他整理摹刻的法帖称为"玉虹楼法帖"。

玉虹楼石刻共584块，拓印装裱成101册，故又称"百一帖"。整个玉虹楼法帖雕刻精益求精，是我国珍贵的书法珍品，具有很高的鉴赏和研究价值。

大成殿之后是寝殿。寝殿，是祭祀孔子夫人的地方。孔子夫人是春秋末期宋国人，复姓亓官，她19岁时嫁给孔子，先孔子7年去世。

关于亓官氏的情况典籍中记载很少，宋大中年间，真宗赵恒追封孔子夫人为"郓国夫人"，元代加封孔子夫人为"大成至圣文宣王夫人"，明嘉靖八年孔子改称为"至圣先师"，孔子夫人也被改称为"至圣先师夫人"。

当初鲁哀公立庙的时候，亓官氏就同孔子一起被祭祀。唐代开始有寝殿专祠，早期曾有过亓官氏的塑像，后改为画像。清雍正年间火灾后重建时，改为木制牌位，上写"至圣先师夫人神位"，上罩木刻神龛，龛前设有供桌。

寝殿建筑年代与大成殿相同。周围石柱上雕刻图案是凤凰牡丹。

1544年，山东巡抚曾铣建太和元气坊，太和元气坊位于棂星门之后，形制与金声玉振坊相同，坊额题字是曾铣的手书，所属的内容是赞颂孔子思想如同天地生育万物一样。

1592年，巡按御史何出光主持修建圣迹殿，圣迹殿位于寝殿之后，独成一院，是孔庙的第九进庭院。圣迹殿是因保存记载孔子一生事迹的石刻连环画圣迹图而得名的大殿。

圣迹殿原有反映孔子事迹的木刻图画，他建议改为石刻，由杨芝作画、刻石，并嵌在殿内壁上，共120幅，被称为"圣迹图"。

圣迹图每幅约宽0.38米，长0.6米，其所表现的圣迹从颜母祷于尼山生孔子，到孔子死后子弟庐墓为止，并附有汉高祖刘邦、宋真宗赵恒以太牢祀孔子的两幅图画。

其中，有人们最为熟知的"宋人伐木"和"苛政猛于虎"等孔子一生的主要活动和言论，是我国第一本有完整人物故事的连环画，具有很高的历史价值和艺术价值。

圣迹殿内，迎面是后来清康熙皇帝手书的"万世师表"石刻。字下正中为唐代大画家吴道子画的"孔子为鲁司寇像"，左边是晋代名画家顾恺之画的"先圣画像"，俗称"夫子小影"。

据说"小影"在孔子像中最真，最接近孔子原貌，后来孔子的第四十八代孙孔端友在宋绍圣年间摹勒在上三石上。

右边是吴道子画的"孔子凭几像"，孔子按几而坐，弟子分侍左右，孔子第四十六代孙孔宗寿于宋代翻刻于石上。

在这些画像上，有宋太祖、宋真宗等皇帝的御赞，有宋代绍圣、政和等年号和题跋。殿内还有宋代书法家米芾篆书的"大哉孔子赞"，清康熙、乾隆皇帝的御制碑等。

清代最大的一次修葺是在清世宗雍正年间，1724年，大成殿因雷电起火，沿烧寝殿、大成门、御碑亭东西二亭等处。

衍圣公孔传铎奏请朝廷，命巡抚塞楞额督庙工，颁御书"生民未有"额于大成殿。

后来，又下令将正殿的正门改用黄色琉璃瓦，两庑用绿琉璃瓦，以黄瓦镶砌屋脊，并选内务府匠人用脱胎之法，敬谨装塑圣像。

1738年，清乾隆皇帝颁御书"与天地参"额，其后又颁"时中立极""化成悠久"两额。

1799年，仁宗爱新觉罗·颙琰赐御书"圣集大成"匾额，后来，又有不同规模的修庙8次之多，并将寝殿和同文门等易为黄瓦。

知识点滴

颜回是春秋末期的鲁国人，字子渊，亦颜渊，是孔子最为得意的一个弟子。《雍也》说他"一箪食，一瓢饮，在陋巷，人不堪其忧，回也不改其乐"。

为人谦逊好学，"不迁怒，不贰过"。他异常尊重老师，对孔子无事不从无言不悦。颜渊以德行著称，孔子称赞他"贤哉回也"，"回也，其心三月不违仁"。后来不幸早年谢世。

自汉代起，颜回被列为七十二贤之首，有时祭孔时独以颜回配享。此后历代统治者不断追加谥号，唐太宗尊之为"先师"，唐玄宗尊之为"兖公"，宋真宗加封为"兖国公"，元文宗又尊为"兖国复圣公"，明嘉靖年间改称"复圣"。

文化的传承和祭孔礼仪

作为祭祀孔子的庙宇，孔庙建筑群时间久远，是集历史、建筑、雕刻、绘画、书法等成就于一体的古老殿堂。

它不仅是历代统治者尊儒祭孔活动的历史见证，也是综合体现我国传统思想文化的载体，更是劳动人民智慧的结晶。孔庙自始建以来，对我国社会的发展产生了重大而深远的影响。

在我国2000多年的文化融合中，孔庙的功能已经远远超出了纪念性建筑的本身含义，成为中华多民族文化

的象征。

孔庙的存在，体现了儒学在我国传统文化中的主流地位，而其中的碑刻艺术、石刻艺术以及祭孔活动等，也是我国文化在孔庙的集中体现。

随着时间推移和朝代的更替，各地孔庙在建立、修缮、祭祀的过程中，留下了许多碑刻和匾额。

据统计，曲阜孔庙内共有碑碣1000多通，包括祀孔碑、谒孔碑、修建孔庙碑、功德碑等，这些碑碣除大量用汉文刻成外，还有一些少数民族文字，如满文、蒙古族文字等。无论是从年代跨度上还是数量上，都对研究我国古代历史文化具有重要的参考价值。

从碑刻和匾额的书法艺术方面来看，各种字体兼备，风格不同，各具特色，是难得的珍品。碑刻中有汉碑和汉代刻字20余通，是我国保存汉代碑刻最多的地方。乙瑛碑、礼器碑、孔器碑、史晨碑是汉隶的代表作，张猛龙碑、贾使君碑则是魏体的楷模。

此外，孔庙还有孙师范、米芾、党怀英、赵孟頫、张起岩、李东阳、董其昌、翁方纲等人的法书，元好问、郭子敬等人的题名等。

孔庙里的雕刻也是我国石雕艺术的上品，尤其是大成殿的石柱雕龙，更是石雕艺术的佳作。孔庙的石刻艺术品雕刻技法多样，有线刻、有浮雕。

线刻有减地，有剔地，有素地，有线地。浮雕有深有浅，有光面，有糙面。风格或严谨精细，或豪放粗犷，线条流畅，造型优美。

庙内明清时期的雕镂石柱共74根，其中减地平镂56根，高浮雕18根。减地平镂图案多为小幅云龙、凤凰牡丹，清雍正年间刻，崇圣祠刻牡丹、石榴、荷花等花卉，构图优美。另外，圣时门、大成门、大成殿的浅浮雕云龙石陛也有很高的艺术价值。

祭孔是民间对"先贤"孔子表示尊敬仰慕和追思的一种纪念活动。孔庙存在的目的就是祭祀孔子，因此，在历史上祭孔活动成为了孔庙文化的一个重要组成部分。

根据《礼记》中的记载，早在周朝时期，每年都要按四季祭奠先师，以表示尊师重道之意。不过当时所谓的先师，并不是指特定的某个人，而是凡是对教育有贡献的，并已经过世的教师，都是师生祭祀的对象。

后来，由于孔子生前非常注重教育，在教育事业上的成就很高，

影响非常深远，所以释奠的主要对象逐渐成为孔子。

孔子死后第二年，即公元前478年，鲁国国君鲁哀公下令在曲阜阙里孔子的旧宅立庙，并且按岁时祭祀，这是诸侯祭孔的开始。

后来，逐步发展成"释奠礼"，释、奠都有陈设、呈献的意思，指的是在祭典中，陈设音乐、舞蹈，并且呈献牲、酒等祭品，对孔子表示崇敬之意。

之后，祭孔活动经历了许多变革，其总体趋势是活动规模越来越多，越来越隆重。

公元前195年，汉高祖刘邦经过鲁国，以太牢祭祀孔子，被认为是帝王祭孔的开始。

汉元帝刘奭时期，征召孔子第十三代孙孔霸为帝师，封关内侯，号褒成君，赐食邑八百户，以税收按时祭祀孔子。这是封孔子子孙为侯，以奉祀孔子的开始，也是第一次为祭祀孔子而设立的专项费用。

29年，汉光武帝派遣大司空宋宏到曲阜阙里祭祀孔子，这是帝王派遣特使祭孔的开始。

在此之前，所有的祭孔典礼都在曲阜孔庙里举行，直至公元59年，汉明帝在太学及郡县学祭祀周公和孔子，开启了在学校中祭孔的先河，祭孔成为全国性的重要活动，被认为是第一次全国性祭孔活动的开始。

公元72年，汉明帝亲赴曲阜祭祀孔子及七十二弟子，被认为是祭孔有配享的开始。

自汉代以后，祭孔活动延续不断，规模也逐步提升。739年，唐玄宗封孔子为文宣王，祭孔时使用了原本仅限于古代天子用的64人的"八佾之舞"。

宋代时，祭祀孔子又使用了文武舞之制，文舞生64人，武舞生64人，合计128人。从此，孔子祭典一般都采用帝王礼制。

明清时期祭孔活动达到顶峰，被称为"国之大典"。顺治皇帝定都北京之后，在京师国子监立文庙，内有大成殿，专门举行一年一度的祭孔大典，并尊孔子为"大成至圣文宣先师"。

1906年，清光绪帝将祭孔大典升格为大祀，与祭天、祭地、祭先祖并重。祭孔用大祀礼，文庙按九楹三阶五陛制建造，乐用《八佾》，增《武舞》。祀日皇帝亲行释奠，并且行三跪九叩跪拜礼。

疾控活动是一项具有重大意义祭祀活动，具有非常多仪式规定。

祭孔大典主要包括乐、歌、舞、礼四种形式，乐、歌、舞都是紧紧围绕礼仪而进行的，所有礼仪要求"必丰、必洁、必诚、必敬"。

祭孔大典中的乐舞表演，继承了上古时代汉民族祭祀天地和庆祝丰收与战功的原始舞蹈形式，是融乐、歌、舞、礼为一体的庙堂祭祀乐舞，有"闻乐知德，观舞澄心，识礼明仁，礼正乐垂，中和位育"的称谓，是唯一保留下来的汉民族舞蹈，具有巨大的文化和艺术价值。

在祭祀孔子的历史过程中，还形成了独具一格的乐舞艺术。祭孔乐舞的内容以颂扬孔子生前的业绩为主，是乐、歌、舞三位一体的综合艺术。

其乐源于孔子所推崇的"韶"舞源于自"夏"，诗来自隋代牛弘、蔡徽的创作。乐曲八音齐全，古朴纯正、典雅悠扬、金声玉振。

舞生以籥为舞具，舞姿刚劲舒展，具有雕塑之美。乐生演奏的乐

器有古筝、笙、笛、箫、编钟、编磬等。

祭孔礼仪场面宏大，古朴娴静，而庄严肃穆的祭孔气氛与金碧辉煌的大成殿，更是形成了完美的艺术统一。

祭孔乐舞以其平和的曲调，适中的节奏，典雅的歌词，谦恭的舞步，凸显出我国古代雅乐博大精深的思想意蕴，用庄严恢宏的感人气势以及和谐的艺术风格，集中展示了孔子及儒家倡导的"仁""和谐"以及"礼让"的人文价值。

大典用的音乐和舞蹈等集中表现了儒家思想文化，体现了艺术形式与政治内容的高度统一，形象地阐释了孔子学说中"礼"的含义，表达了"仁者爱人""以礼立人"的思想，具有较强的思想亲和力、精神凝聚力和艺术感染力，对于弘扬优秀传统文化、营造和乐氛围、构建和谐社会、凝聚民族精神等都具有不可替代的社会作用。

祭孔的最重要议程是三献礼，主祭人要先整衣冠、洗手后才能到孔子香案前上香鞠躬，鞠躬作揖时男的要左手在前右手在后，女的要右手在前左手在后。所谓的三献分为初献、亚献和终献。

初献帛爵，帛是黄色的丝绸，爵指仿古的酒杯，由正献官将帛爵供奉到香案后，主祭人宣读并供奉祭文，而后全体参祭人员对孔子像五鞠躬，齐诵《孔子赞》。亚献和终献都是献香献酒，分别由亚献官和终献官将香和酒供奉在香案上，程序和初献相当。

后来的祭孔大典又分为开城仪式、孔庙开庙仪式、公祭和传统祭祀四个部分，在音乐、舞蹈和服饰等方面也都有了新的发展。

首先是音乐新，在原有乐谱的基础上，重新制作了开城、祭孔的音乐，引入了交响乐等表现形式，意在达到磅礴大气、震撼人心的艺术效果。

其次是舞蹈新，大典参照《中国历代孔庙雅乐》等有关文献图谱，对祭孔乐舞进行了重新编排，使其更具感染力。

最后是服饰新，演出使用的明代服装和道具经过重新设计制作，

准确体现了明代祭孔的规模和盛况，更加古朴、庄严、凝重，展现了"千古礼乐归东鲁、万古衣冠拜素王"的盛况。

从孔庙的发展史可以看出中华文化传承的轨迹，孔庙在兴建之处，儒学的传播还处于萌芽状态。

汉初虽已确定了"罢黜百家、独尊儒术"的文化政策，但由于本土宗教道教文化与外来佛教文化对儒家文化的争战，以及其后三国、魏晋、南北朝绵延数百年的社会分裂动荡所引起的思想混乱，使儒家学术很难取得"独尊"的地位。

在这一时期，儒学积极吸收其他学派的成分，用于适应社会的需要。到隋唐时期天下一统的局面形成，孔子及其创建儒家学派所阐发的精神与学术思想经受了时间的考验，儒家文化的价值也得到了社会的广泛认同，从而使大规模兴建孔庙与长期传播儒家文化成为可能。

宋元明清各朝沿袭"独尊儒术"的文化政策，不断以尊崇的谥号封赠孔子，对孔庙建筑的规格一再提高。随着祭祀孔庙的意义提高，后来除曲阜孔庙外，自北朝开始在全国有关郡县设立文庙学宫，文庙学宫从此有了"学校"的功能。这一重要功能对隋唐以降的科举制度起到了承前启后的作用。尤其是从唐代至清末，庙学不分，规制有前庙后学、左庙右学、左学右庙，还有中庙左右学、中庙周学等。

庙学合一的体制使历代儒士文人在这里接受儒学的熏陶，尊经读经即成为学校教育的重要内容，为各个时期培养了不同层次的学人。

自隋唐以后，儒学得到了长足的发展，并逐渐发展成了中华民族传统文化的主干，孔庙则是这一文化的重要载体。

通过各种文献可以看出当时孔庙祭祀操纵于国家，目的在于厉行教化，即"庙以崇先圣，学以明人伦"。孔庙祀孔表明国家厉行教化根本是孔子之道，追求"君君、臣臣、父父、子子"理想化的礼制秩序。

"仁义礼乐"是儒家之道，政治对儒道汲取是为了建立有序社会，实现专制统治。所以后人说：

孔子以道设教，天下祀之，非祀其人，祀其教也，祀其道也。

由此可以看出孔庙祭祀

孔子，主要目的就是推崇他所创立的思想学说。从另一个方面来说，曲阜孔庙及后来在各地建立的孔庙，对于推动中华民族的融合与统一功不可没。

据文献记载，古代在封建国家政令的要求下，无论是中原内地，还是边陲地区，都曾设有孔庙。如辽时上京、中京、西京都设有国子监，其旁建有孔子庙，按时祭祀先圣先师。其下各州县也都有孔子庙。金朝沿袭辽制，除上京国子监有孔子庙而外，州县也建有庙学。封建王朝重视使孔庙遍布各地。在边陲云南，元朝在云南建立行省后，于1278年在昆明建孔子庙。此后，大理、建水、通海、石屏等地也建立孔庙并使之制度化。

到清末时，云南全省除个别极边远的地方外，差不多所有州县都有孔庙了。这些孔庙的建立，大大改善了当地文化教育的发展。

孔庙对民族融合的促进作用，不仅表现在各个地区广设孔庙上，还表现在各个民族对孔庙的态度上。

儒家文化是中华民族共有的精神财富，而非仅被汉族所垄断，这从孔庙建筑者的族别上很容易看出来。南北朝时期鲜卑族的北魏孝文帝推行汉化政策，是史载最早在曲阜以外的城镇修建"先圣庙"祭祀孔子的皇帝。

女真族在进入中原、建立金朝后，代代皇帝尊孔祀孔，修建孔庙，如山西平遥文庙仍保留有金朝建筑的格局。

蒙古族建立的元朝，不仅在大都修建孔子庙，奠定了北京孔庙的规格，还将孔子封为"大成至圣文宣王"，为历代帝王封赠孔子的最高谥号。清王朝的满族统治者则在建立清朝而未入主中原之前已奉行祭孔大典，并在东北地区建立了孔庙。

中华56个民族共奉孔子为"先圣先师"，在2000多年的历史长河中缓和了民族矛盾，促进了各民族的不断统一。

同时，儒家文化规范了中华民族各阶层的道德规范和行为准则，并成为一种理念，是促进中华各民族加强团结携手并进的精神纽带。

孔庙还具有较高的史学价值，孔庙见证了我国2000多年封建社会的发展历程。在各地孔庙的发展史上，留下了丰富的遗存和资料。

知识点滴

孔子的祖先本是殷商的后裔，为子姓。周灭商后，商朝忠正的名臣微子启于宋。微子启死后，他的弟弟微仲即位，微仲即为孔子的先祖。

自孔子的六世祖孔父嘉之后，后代子孙开始以孔为氏，孔子的曾祖父孔防叔为了逃避宋国内乱，从宋国逃到了鲁国。孔子的父亲叔梁纥是鲁国出名的勇士，叔梁纥先娶施氏曜英，生九女而无一子，其妾生一子孟皮，但有足疾。在当时的情况下，女子和残疾的儿子都不宜继嗣。

叔梁纥晚年与年轻女子颜征再生下孔子，孔子的伟大思想与孔子母亲有很大关系，母亲颜征再和他的外祖父颜襄对孔子产生了深远的影响。由于孔子的母亲曾去尼丘山祈祷，然后怀下孔子，又因为孔子刚出生时头顶的中间凹下，像尼丘山，所以最终起名为丘，字仲尼。

曲阜孔府

　　孔府，旧称衍圣公府，在曲阜市内孔庙东邻，是历代衍圣公的官署和私邸。

　　孔府有楼轩厅堂463间，院落九进，布局分东、西、中三路：东路为家祠所在地；西路为旧时衍圣公读书、学诗学礼、燕居吟咏和会客之所；中路是孔府的主体部分，前为官衙，设三堂六厅，外辖和勾、百户、孔庭族长及曲阜县衙四个衙门。

　　往后是住宅，最后是孔府花园。孔府是我国古代社会中典型的官衙与内宅合一的贵族庄园，也是我国仅次于北京故宫的贵族府第，号称"天下第一家"。

规模仅次于皇宫的孔府

　　孔子死后，他的子孙后代世代居住在孔庙旁边，悉心看管孔子的遗物。在1055年，北宋仁宗赵祯封孔子的第四十六代孙孔宗愿为"衍圣公"，并下令在曲阜建造了衍圣公府。

　　1377年，朝廷在阙里孔庙及孔子故居以东新建了衍圣公府。弘治年间遭火灾，并在1513年移到曲阜孔庙的东侧，以便保卫。于是，孔庙和孔府便一起成为曲阜的中心建筑。

　　后来，衍圣公府成为孔子嫡系长期居住的场所，随着孔子后世官位的升迁和爵位的提高，孔府的建筑规模也在不断扩大，成为我国封建社会官衙与内宅合一的典型建筑。

　　孔府不仅规模宏大，气势壮观，更为重要的是它在古代的历代王朝中都享有尊贵的荣誉，被称为是仅次于皇宫的府邸，有"天下第一家"之称。

　　孔府共有厅、堂、楼、房463间。整个府邸为九进庭院，三路布局。孔府的东路，即东学，建有一贯堂、慕恩堂、孔氏家庙及作坊等。西路即西学，有红萼轩、忠恕堂、安怀堂及花厅等。

　　孔府的主体部分在中路，前为官衙，有三堂六厅，后为内宅，有前上房、前后堂楼、配楼、后六间等，最后为花园。同时，孔府的府内还存有著名的孔府档案和大量具有重大价值的文物。

　　孔府坐北朝南，大门是一个粉白的大照壁，门前左右两侧有一对2米多高的圆雕雌雄石狮。

　　红边黑漆的大门上镶嵌着狻猊铺首，大门正中上方高悬着蓝底金字的"圣府"匾额，相传为明朝权臣严嵩手书。门两旁的明柱上，悬挂着一副对联：

　　　　　　与国咸休安富尊荣公府第；
　　　　　　同天并老文章道德圣人家。

　　这副对联相传是清代编写《四库全书》的大学士纪昀所书写的。对联内容形象地说明了孔府在我国古代社会中的显赫地位。这副对联口气之大自不待言，发人深省的是上联"安富尊荣"的"富"字，下联"文章道德"的"章"字。

原来，对联中的"富"字少了上面一点，而文章的"章"字，下面"早"字的一竖一直通到上面的立字。这是怎么回事？难道学贯古今、知识渊博的纪昀会犯如此低级的错误？这倒不是。

据解释，富字上面少一点，叫作富贵无顶。章字下面早字的一竖一直通到上面的立字，叫作文章通天。孔子及其学说"德侔天地、道冠古今"，圣人之家的"礼乐法度"，也就能天地并存，日月同光。

可见，这副字美文佳的奇特对联，概括出孔府千百年来不同凡响的公府第和圣人家的气派。

穿过第一进狭长的庭院，便是孔府中路的第二道大门，俗称二门。二门建于明代，门楣高悬明代诗人、吏部尚书、文渊阁大学士李东阳手书的"圣人之门"竖匾，下有阀阅承托，门柱有石鼓夹抱。

正门左右各有腋门一座，耳房一间。在当时社会制度下，平时人们只许只走腋门，正门不开，用于表示庄严。

入圣人之门，是一座小巧玲珑、别具一格的屏门，即是重光门。屏门顶上覆有灰瓦。门楣因为悬挂有明世宗亲颁的"恩赐重光"匾额，所以被后世称为重光门。

重光门四根圆柱下有石鼓夹抱，上面承托彩绘的屋顶，前后各缀有4个倒垂的木雕贴金花蕾，又称"垂花门"。

　　重光门因独立院中，把前院和后院隔绝开来，所以又叫"塞门"。据说这样的塞门一般官宦人家是没有资格建造的，只有封爵的"邦君"才能享受如此殊荣。

　　在当时，重光门一般都是不开的，只有每逢孔府大典、皇帝临幸、宣读诏旨和举行重大祭孔礼仪的时候，才会在鸣礼炮13响之后正式开门，故又称仪门。过了重光门，院中有一片台基，台上原有日晷等物，其后便是宽敞的正厅，即为孔府的大堂。大堂是当年衍圣公宣读圣旨接见官员、申饬家法族规、审理重大案件以及节日、寿辰举行仪式的地方。

　　大堂为灰瓦悬山顶，檐下用一斗二升交麻叶斗拱，麻叶头出锋，座斗斗歆，具有明显的明代建筑风格。大堂中央有一绘流云、八宝暖阁，正中的太师椅上披铺了一张斑斓虎皮，椅前狭长高大的红漆公案上，摆着文房四宝、印盒、签筒等。

　　大堂正中悬挂着一块"统摄宗姓"匾，上刻清世祖顺治六年的谕旨，要衍圣公"统摄宗姓，督率训励，申饬教规，使各凛守礼度，无玷圣门"，规定了衍圣公在孔氏家族中的种种特权。

　　大堂内两旁及后部陈列着正一品爵位的仪仗，如金瓜、朝天镫、曲枪、雀枪、钩镰枪、更鼓、云牌、龙旗、凤旗、虎旗、伞、扇等。另外，大堂内还有一些象征其封爵和特权的红底金字官衔牌，如"袭封衍圣公""光禄寺大夫""赏戴双眼花翎""紫禁城骑马"和"奉旨稽查山东全省学务"等。每当衍圣出行时，都会有专人执掌，以示威严。

　　大堂之后有一通廊与二堂相连，两堂呈工字形。通廊里有一条大长红漆凳，称"阁老凳"。

　　二堂也叫后厅，是当年衍圣公会见四品以上官僚及受皇帝委托每年替朝廷考试礼学、乐学、童生的地方。

　　堂内上悬清圣祖书"节并松筠"匾和清高宗书"诗书礼乐"匾，

近此墙立清碑7通，为清道光、咸丰帝和慈禧太后御笔诗画等。两稍间板墙分隔，西为伴官厅，东为启事厅。

二堂之后有个不大的庭院，此院北屋即三堂。三堂又称退厅，是衍圣公接见四品以上官员的地方，堂内设公案，室内上悬高宗书"六代含饴"匾。稍间以实墙分隔，东为会客室，西为书写官撰奏章处。

三堂之后，便是孔府的内宅部分，也称内宅院。内宅门有道禁门，使内宅门与外界相隔绝。此门戒备森严，任何外人不得擅自入内，清朝皇帝还特赐了虎尾棍、燕翅镗、金头玉棍3对兵器，由守门人持武器立于门前，有不遵令擅入者将会严惩不贷。

为了保持与外界的联系，在内宅门专设两种传事的差役，一种叫差弁，另一种叫内传事，一般都有十几人，轮番在门旁耳房内值班，随时向外和向内传话。

内宅门西侧还有一个露出墙外特制的水槽叫作石流，府内规定挑水夫不得进入内宅，只需他们把水倒入槽内，水便会隔墙流入内宅。

在孔府内宅门的内壁上有一幅状似麒麟的动物，名叫"贪"，所以这个墙壁又叫贪壁。传说贪是天界的神兽，怪诞凶恶，生性饕餮，能吞金银财宝。

孔府将"贪"画在一出门就看到的地方，目的是告诫子孙不要贪赃枉法。据说当年衍圣公出门时，都要驻足观看此画，并有人喊"过贪门"，以戒要清正廉洁，不贪赃枉法。

贪壁正北迎面就是正厅7间，名叫前上房，是孔府主人接待至亲和近支族人的客厅，也是他们举行家宴和婚丧仪式的主要场所。

房前有一大月台，四角放着4个石鼓，是当年府内戏班唱戏时扎棚的垫脚石。清末孔府养着几十人的戏班子，只要主人一声令下，就马上开锣唱戏。

前上房内正中高悬"宏开慈宇"的大匾，中堂之上，挂有一幅慈禧亲笔题写的"寿"字。室内家具精美，文物古玩，琳琅满目。东侧

间，陈列着乾隆皇帝送给孔府的荆根床、椅。桌上放有同治皇帝的圣旨原件，还有色彩鲜艳、花纹古朴的明代"景泰蓝"。

中间桌上摆设着一大套满汉餐具，共404件。器皿上分别雕有鹿、鸭、鱼等，可按其形盛菜，一餐上菜达190多道。

长期以来，孔府形成了一种精细独特的菜肴孔府菜。各种菜制作讲究，取名典雅，如绣球鱼翅、珍珠海参、神仙鸭子、诗礼银杏、玉笔虾仁等名菜，色、香、味、形俱佳。

西里间，为孔子第七十六代孙、衍圣公孔令贻签阅文件的地方。桌上放有文房四宝，书架上还陈列着儒家经书和孔氏的家谱。

穿过前上房，过一道低矮的小门，便是前堂楼院。院内苍松挺拔，鱼池东西对列，恬静雅致，大有步移景迁之感。

前堂楼是七间两层楼阁，室内陈设布置仍保持着当年的原貌。中间设一铜制暖炉，为当时取暖的用具。东间的"多宝阁"内，摆设着凤冠、人参、珊瑚、灵芝、玉雕、牙雕等。

里套间为衍圣公孔令贻夫人陶氏的卧室，再里间是孔令贻两个女儿的卧室。孔子第七十七代孙、衍圣公孔德成14岁时写的"圣人之心如珠在渊，常人之心如瓢在水"的条幅，原封不动地挂在壁上。

后堂楼是两层前出廊的7间楼房，东西两侧有两层前出廊的配楼各3间，是衍圣公孔德成的住宅。堂中陈列着孔德成结婚时的用品，以及当时友人赠送的字画和礼品。

东里间为当时的接待室，摆设着中西结合的家具，里套间是孔德成和夫人孙琪芳的卧室。东墙上的镜框内镶有孔德成夫妇及儿女的合照，后堂皇楼西边的两间是孔德成夫人奶妈的卧室。院内的楼是当年府内做针线活儿的地方，西楼是招待内客亲属的住宅。

孔府花园在孔府内宅后院，又名铁山园，其实铁山园内并无铁

山，只在花园西北隅有几块形似山峰的铁矿石而已。相传，此石还有一段来历。

原来，孔府花园由第七十三代衍圣公孔庆镕扩建而成，其间经过3次大修。建园之时，有人送来古鲁城内炼铁的铁渣石，类似陨石。

园主十分高兴，认为这是天降神石，象征孔府从此时来运转，兴旺发达，而且与孔庆镕的名字意义相合，于是把它们布置在园中，并命名为铁山园，自己也自号"铁山园主人"。

明代弘治年间进行扩建时，由长沙李东阳监工设计。李东阳当时是太子太傅、吏部尚书、华盖殿大学士、国史总裁，但是他为什么要亲自设计呢？

原来，李东阳的女儿嫁给了孔子第六十二代孙、衍圣公孔闻韶，做了一品公夫人。因此，为了女儿，李东阳才如此大卖力气，修建花园。在修建完孔府和孔庙后，李东阳曾四次作诗写赋，勒碑刻铭，记此盛举。

铁山园建造完成之后，到了明嘉靖年间，严嵩取代了李东阳的地位，做了太子太傅、吏部尚书、华盖殿大学士、国史总裁，成为当朝的首相。

此时，严嵩也看中了孔府，把自己的孙女嫁给了孔子第六十四孙、衍圣公孔尚贤，成为一品夫人。

和孔府结亲之后，权臣严嵩又帮助衍圣公扩建重修孔府和整修花园，从各地名山搬来奇石怪岩，并从各地园林移植名花奇草，使得孔府花园更为可观。

孔府花园从李东阳、严嵩到后来的乾隆皇帝，曾前后3次大修，其间还有中修和小修，因此花园越修越大，占地已达6600多平方米，也因为有了这些权贵的支持，所以孔府后花园不仅宏大，而且显得美观、华贵、大方。

园林处在原孔府轴线最北部，也用轴线布局，正是北方特点，其布局仿北京紫禁城御花园格局。按照古代礼制普通花园是不允许有这

种布局的，而孔府后花园的这布局，再一次彰显了孔府地位的不凡。

花园中路也是轴线，非常明确，在轴线南端有植柏台，四周花砖砌矮墙，有三面台阶通上下，台中植柏树。靠近古木有盆景铁石置于托台上，托台四面浮雕有双龙、双麒麟、双凤等，石边立一石匾，上题写有"孔府天下第一家"的字样。

台下为"五柏抱槐"，此柏名为五君子柏，一棵柏树在根部就分成5条枝干，最奇的是在5条枝干中间抱有一棵槐树。这棵槐树穿柏身而生，实为奇观。据说，这棵槐树已有400多年的历史。

轴线的最北端是一幢后来新建的新花厅，北依孔府后墙，抱厦亭与后正厅相接，亭开敞无墙，厅青砖厚砌，这种组合既左右对称和四平八稳，又通透开敞，活泼可爱，在抱厦亭前面的两柱上有题联：

寻梅觅竹骚人来；
赏兰观菊贤者至。

花厅前面绕抱厦亭设观景台，台四周为青砖砌矮墙，与轴线之南的柏台一致，形成南北呼应。花厅是孔府主人平时赏花、赏月和会见重要客人的地方，有时也在此设宴，厅东西有花树和竹丛。

厅西为一六角重檐亭，亭宝顶较小，宝珠立于细柱上，立面构图高挑，显得轻盈，具有南方园林建筑的特点，但是做法却是北方样式，屋面厚重，起翘很少。

枋间板只作菱形图案，没有彩画，全涂朱红，柱间设单板坐凳，亭内设石桌，不设石几，显得过于朴素。亭西为花房。

中轴的新花厅的东面为旧花厅，面阔3间，上覆龙瓦，梁枋皆彩画花卉，显得古雅而华丽。

依路南行为荷花池，池很小，只几平方米，但是池中荷花盛开，十分清雅。

过荷花池，来到鱼池，池中养鱼，架曲桥。桥面很狭窄，两面用木栏杆。但栏杆却很有特色，横栏竖杆，杆顶为莲花头雕刻，构图简洁。水池中立有多处湖石作为孤赏石。

桥北为扇亭，亭东南西三面用青砖砌栏杆，可当作槛，亭梁枋皆有彩画，内容多为梅、兰、菊、竹、麋鹿、山水等。

桥南为大湖石假山，桥三面用栏杆围护，不让人攀登，唯北面与桥接，花园西部为牡丹园和芍药圃。

在孔府花园的西南隅，有一幅出自清末不知哪位名画家之手的壁画，画面上有一条大路，一排高树，朝观者而来，景色奇妙无比。

原来，画家巧用边与角的效应，使观看的人无论站在哪个方向，只要能看到画上的路，就会感到这条路是正对着自己的，令人称奇。因此有人为画题名为："人人有路"。

纵观孔府后花园全园，北方园林特征主要表现于明显的中轴线、建筑的梁架及彩画、水面等。山水组合则有江南园林风格，植物特征北方色彩更浓，松、柏、槐等较多。虽然整体布置显得较为散乱，缺乏统一感，但是作为一座后花园，其气魄是令人惊叹的。

此外，孔府里还有一些其他古迹，这些古迹名胜许多都具有一段不平凡的来历。从这一处处古迹名胜中，能够看到孔府作为"天下第一家"时的尊贵。

知识点滴

在孔府二门内的侧下有一奇，是明洪武年间的"朱元璋与孔克坚、孔希学对话碑"，俗称"孔府门里对话碑"。

这通其貌不扬的碑石，上面镌着明太祖朱元璋对孔子第五十五代孙孔克坚的当面戒谕。

碑文上通篇都是"你""我""快活""好人""少吃酒"等白话，既显示出了朱元璋的真性情，也显示出了朱元璋对于孔子儒家文化的尊重。

他要求孔克坚写书教育后代，传承儒家文化，并希望他孔家在当朝再出一个像孔子那样的"好人"。

底蕴深厚的孔府文化

作为天下第一家，孔府是我国大家族居住地和我国古文化发源地，历经2000多年长盛不衰，兼具家庭和官府职能。

因此，要谈及文化，在我国无一处可以与孔府相比，因为这里是

至圣先师孔子及其后人生活之地，是历代文人心目中的圣地，也是历代皇帝都要亲临的地方。

在孔府演绎出来的文化，底蕴深厚、内容丰富。作为天下第一家，孔府的文化涵盖范围非常广泛，既包括衍圣公知识、也包括春联、节庆习俗等多个方面。其实，提到三孔，自然会让人想起一个特殊的封号"衍圣公"，这个在古代是世代相传、地位非常高的称号，成为三孔文化中的一大特色。

在我国历史上，自汉武帝"罢黜百家，独尊儒术"以后，历代帝王都以"崇儒重道"治天下，不断地对孔子追封加谥，随着对孔子的尊崇，孔子的嫡裔宗子也被爵衔增隆，恩渥倍加。

从孔子第九代孙孔腾受封"奉祀君"开始，经孔霸开创奉祀爵位世袭及其后一再改封。

衍圣公这一封号始于北宋，当时的宋仁宗赵祯认为：

追谥孔子为文宣而尊以王爵，封其嗣裒圣侯为嗣文宣公，孔氏子孙去国名而袭谥号，礼之失也。

于是就改至圣文宣王第四十六代孙宗愿为衍圣公。衍圣公这一封号曾在宋元祐年间被改为奉圣公，但不久又复改为衍圣公。

衍圣公这一封号沿袭至1935年，改封孔子第七十七代孙孔德成为"大成至先师奉祀官"、受"特任官待遇"，此后不再设有"衍圣公"这一封爵名。

衍圣公爵名经历了漫长的岁月，仅衍圣公这一封号，就整整承袭了32代40余人，历时800多年。

衍圣公的官阶也是一升再升，先由最初的八品"承奉郎"上升至正一品"光禄大夫"，再到百官朝见时位列文官之首。可见，衍圣公的地位是不断变动、逐渐提高的。

衍圣公这一爵位历经宋、金、元、明、清，其子孙代代世袭，一般严格按照宗法制度承袭。父亲死后传位给嫡长子，依次代代递袭。但在历史上也曾出现过特殊情况，那就是衍圣公的罢封、无嗣和南北宗之争。

衍圣公因过失罢封在历史上出现过两次，一次是第四十七代孙孔若蒙，一次是第六十一代孙孔弘绪。衍圣公孔若蒙于1098年被宋哲宗赵煦废封，改由其弟若虚袭封。衍圣公孔弘绪于1469年因宫室逾制而被弹劾夺爵其弟孔弘泰袭封。

罢封是对衍圣公本人过失的处罚，但这种处罚并不累及

子孙，他的嫡长子仍是下一代衍圣公的承袭者。第四十八代衍圣公由孔若蒙的儿子孔端友承袭，第六十二代衍圣公由孔弘绪的儿子孔闻韶承袭。

衍圣公无嗣在历史上出现次数较多，衍圣公没有嫡子可传庶子，嫡庶子皆无，就传给血缘关系最近的同族，一般是传给弟弟的后代。

衍圣公的主要职责是负责祭祀孔子和管理林庙，以后陆续增加了管理孔氏族人、管理先贤先儒后裔、推荐任命官员等。

随着孔子地位的日益提高，祭祀孔子的活动越来越频繁，规模也越来越大，最多时一年要祭祀50多次，这些都由衍圣公主持负责。

祭孔活动主要有四大丁，即进入春夏秋冬季节后的第一个丁日，还有四"仲丁"，即大丁后的第十天。此外还有八小祭，即清明、端阳、中秋、除夕、六月初一、十月初一、生日、忌日。一年二十四节气，还有二十四祭。

不仅传统节日有祭祀，每月的初一、十五，孔府也都有祭拜。孔府祭祀的祭品主要有猪、羊、牛，都是整只的。还有盐、猫血、茨米、菱角等，礼仪极为烦琐。

在做好祭祀孔子的同时，衍圣公还要统率护林官等有关官员管理好孔庙、孔林。

通过修订家族谱、制定家法族规、惩罚违犯家族法规及轻犯国典的族人等手段管束族人。保举曲阜知县和典籍官、管勾官、百户官、司乐官、掌书官、伴官等衍圣公属官。

作为孔子后代，衍圣公还有管理颜回、曾参、孟轲、闵损、冉耕、冉雍、端木赐、仲由、言偃、卜商、颛孙师、有若、周公等先圣先贤的后裔。此外，衍圣公有时还奉皇帝之命过问地方事务，如"稽察山东全省学务"等。

衍圣公因得益于先祖孔子的荣耀而成为我国历史上经久不衰、世代腾黄、地位显赫的特殊公爵，与朝廷互为利用，成就了孔府天下第一家的美名。

在古代，孔府作为当朝一品公爵府第，世享尊荣，其过节的规模、气势、排场自然非同凡响。其中，尤其以春节最为隆重。

　　从腊月初一开始，每到晚上，孔府都会钟鼓齐鸣，上上下下便开始做过年的各种准备。孔府的内三厨、外二厨，馍馍房、酒房、蜡烛房、内司茶、外司茶等部门的管事、仆役都紧张有序地忙活起来。

　　腊月初八是腊八节，孔府精选江米、小米、大米、薏仁米、芸豆、绿豆、赤豆，以及红枣、核桃仁等放在一起，熬三大锅腊八粥，包括内勤的、当差的，不分尊卑都来喝腊八粥。

　　到了腊月十五，在孔府前堂院子偏东处，要竖起一根高约10米的红漆杆子，名为"朝天杆"，杆子最上边有一绿花顶，悬一三角钩，钩上挂一只大红灯笼，名为"朝天灯"。

　　灯笼内放一支大红蜡烛，从腊月十五一直点燃至正月十五，其间要不断更换新蜡烛。

　　朝天灯的点燃，预示着新年的脚步更近了。这时，孔府要一连3天洒扫庭除，里里外外收拾得干净整齐。接着便支起八口大锅，蒸过年的面食，当地百姓称"蒸壮"，诸如花糕、花卷、年糕、馍馍、糖包、豆包等，一直要蒸至腊月二十三。

　　腊月二十三晚上，内厨、外厨点纱灯，燃牛油蜡烛，祭拜灶王爷，请灶王爷"上天言好事"，然后除夕再接灶王爷"回宫降吉祥"，这自然是远古先民火崇拜之遗风了。

　　从腊月二十四"扫尘日"开始，刷洗阖府门户，各院的大门小门，房屋的里门外门，包括府外的车棚、马号、东场、西仓，所有的门都要刷洗干净，贴上新门联、新门神。

孔府春联一般是由书房书写，门神则由门神户专门印制，这些准备工作要在腊月二十四这天以前做好。孔府的门神与市面上出售的门神也有很大区别，由府内备有的门神制版印制，木版套色，极为精致，开张也大。

孔府的大门、二门、内宅门和外院大门贴的是武门神，有手执长柄金瓜、身穿铠甲的武将，也有传统门神中的秦叔宝、尉迟敬德。

府内各房屋里门外门贴的都是文门神，如加官进爵、加官进禄、加官进寿、当朝一品、带子上朝以及福禄寿喜、子孙满堂等。

按孔府的规矩，所有的门神、门联，要由门神户在腊月二十九前全部贴完。

孔子的后裔，长期以来，按照孔子"不学诗，无以言""不学礼，无以立"的教诲，读书循礼，对后代产生了很大影响。

作为衍圣公府，既要有王公贵族的官府气派，又要有书香门第的风度。这从孔府大门的楹联"与国咸休安富尊荣公府第，同天并老文章道德圣人家"就可以说明，这是与平民百姓不同的高贵府第。

逢年过节，孔府虽有欢乐热闹的场面，但供佛、祭祖等礼仪都是必不可少的内容，既有饮宴的物质享受，又有美好祝愿的联语佳句，贴于门上挂于室内，以显示书香之家的气派。

孔府的春联独具特色，从不同角度颂扬了孔府的福威，体现出圣人之家的风度，如大堂楹联：

北阙颁光华玉律金仪旋转万年新日月；

东山迎瑞霭龙章凤绶炜煌九命旧冠裳。

三堂：

璇衡珠斗烁春光飞下九天湛露；

玉烛金瓯绵圣泽扬来亿载荣波。

内门：

五福敛洪畴奕世爵颁公一位；

九如赓小雅盈庭福应日初升。

后堂楼东间：

祥凝鸿案三春丽；

恩荷龙纶一品荣。

春联中有深蕴哲理的，如前上房西间：

义立礼游郪国仪型传内则；

春和秋洁圣门家训本周南。

前上房东间：

闭户著书多岁月；

挥毫落纸如云烟。

忠恕堂室内："交友择人处世循礼；居家思俭守职宜勤"和"守口不谭新旧事；知心难得两三人。"室外悬挂："天眷龙光匪懈精勤惟就学；祖谟燕翼大成似续在横经。"安怀堂："承家世禄先循礼；报国崇文祇读书。"学屋："东趋家庭学诗学礼承旧业；西瞻祖庙肯堂肯构属何人。"

孔府春联要求严格，除了对偶得当，还讲究纸墨精良，字体工整。孔府春联还有一类是叙情抒怀的，写景咏物、诗情画意，或明快豪放，或庄重深沉。如三堂内柱：

椒颂凝休日丽光连鬼岫；
桃符献瑞春融花接杏坛。

忠恕堂东房："雪洒梅花知品格；霞明凤尾见词章。"库房："松柏当庭秀；芝兰绕砌香。"南屋："得趣在山林以外；观人于取舍之间。"花厅正室明柱："庭列瑶阶林挺琼树；门有通德家承赐书。"花厅抱柱："酒渴诗狂啸傲且随今日景；花晨月夕风光仍似昔年春。"

还有一类是烘托喜气洋洋节日气氛和对新的一年美好祝愿的春联。如前上房西二间：

彩遗金胜欢心洽；
香鬼椒盘称意多。

前上房东二间："重闱福集宜春字；元旦祥开永寿图。"西南门："柏饮芳辰迓景福；椒吟献岁集繁禧。"由此看出，孔府的对联可以说比比皆是。据孔府后人孔德懋回忆说："过年时，每天要写大量的对联，求字的人也特别多，我也给小弟代笔，我俩每天都要写十来副，有时忙不过来，就由书房先生代写。"由孔德懋的这些话可以看出，孔府对春联的重视。

除了过年之外，孔府还过一些其他节日，这些节日按农历计依次有元宵节、二月二、三月三、清明节、端阳节、六月六、七月七、厨师节、中秋节、十月一、冬至、腊八、祭灶等。

二月二，除按传统习俗"炒料豆"之外，管粮仓的仓夫还要在仓神庙内上供、燃烛、焚香，并由仓夫用青灰围仓以保住丰盛的粮仓。

三月三，除按民间习俗收芥菜，将开花之前的芥菜做汤喝之外，孔府的园夫还要摆供品、焚香祭花神。

七月七，俗称七巧节，孔府的厨师在这一天要制作许多"巧

果"，大多是用发制好的精粉面团放木制模子里扣出来的，有福禄寿喜、花鸟虫鱼各种字样图形。这些巧果除用于当晚祭天外，还要馈赠近亲的孩子们，用麻绳穿成一串串供赏玩。

孔府的文化内涵还包括很多种，如服饰文化、楹联碑刻等。这些延续千年、内容丰富的文化，有些已经发生了变化，有些已经不再延续，也有些还在世代传承着。

但不管其状态如何，人们都能够从这些文化中看出孔子这位圣人对后世产生的巨大影响。

知识点滴

衢州是孔氏大宗的第二故乡，又称"东南阙里"。1129年，孔子第48代嫡长孙、衍圣公孔端友奉诏南渡扬州扈跸，因功被高宗赐家立庙于衢州，由此形成"孔氏南宗"。

而宋时留居曲阜的，谓之"孔氏北宗"。北宋灭亡之后，当时的衍圣公孔端友的弟弟孔端操留守曲阜，被金朝命权袭任衍圣公，称为北宗。

政治变故使这个特殊的家庭一分为二，南北分离。后来，随着南宋的灭亡，孔端友的子孙将宗主一职彻底让位给孔端操的子孙，形成了南宗和北宗的分置。

尊贵典雅的孔府宴饮

　　作为天下第一家，孔府的饮食文化也非常受人看重，其中最为引人注目的莫过于孔府宴了。

　　孔府宴也有很多种，孔府既举办过各种民间家宴，又宴迎过皇帝、钦差大臣，各种宴席无所不包，集我国宴席之大成。

　　孔子认为"礼"是社会的最高规范，宴饮是礼的基本表现形式之一。孔府宴礼节周全，程式严谨，是我国古代宴席的典范。

　　孔府宴是当年孔府接待贵宾、袭爵上任、祭日、生辰、婚

丧时特备的高级宴席，是经过数百年不断发展充实逐渐形成的一套独具风味的家宴。

按照礼制要求，孔府宴也就被分为了三六九等，单就较高级的两等来说，其数量之多、佳肴之丰美，是颇为惊人的。

一等是招待皇帝和钦差大臣的"满汉宴"，这是满汉国宴的规格。一等席宴，光餐具就有404件。大部分是象形餐具，有些餐具的名就是菜名，而且每件餐具分为上中下三层，上层为盖，中层放菜，下层放热水。

满汉宴要上菜196道，全是名菜佳肴，如满族的"全羊烧烤"，汉族的驼蹄、熊掌、猴头、燕窝、鱼翅等。另外，还有全盒、火锅、汤壶等。

二等是平时寿日、节日、婚丧、祭日和接待贵宾用的"鱼翅四大件"和"海参三大件"宴席。菜肴随宴席种类确定，什么席，首个大件就上什么，大件之后还要跟两个配套的行件。

如鱼翅四大件，开始先上8个盘，干果、鲜果各四盘，而后上第一个大件鱼翅，接着跟两个炒菜行件。第二个大件上鸭子，接着跟两个海味行件，第三个大件上鲑鱼，接着跟两个淡菜行件，第四个大件上甘甜，如苹果罐子，后跟两个行菜，如冰糖银耳和糖炸鱼排。

少顷，上两盘点心，一甜一咸。接着再上饭菜四样，再后四个素菜，紧跟四碟小菜，最后上面食。

若是海参三大件，也是先上八盘干鲜果，然后上海参大件，第二第三个大件是神仙鸭子、花篮鲑鱼或诗礼银杏。每个大件也要跟两个行菜，如醉活虾、炸熘鱼、三鲜汤等，饭菜仍是四样，如元宝肉、黄焖鸡等。

如果是燕席四大件，就要有带烧烤的菜了。如烤鸭、烤猪、绣球

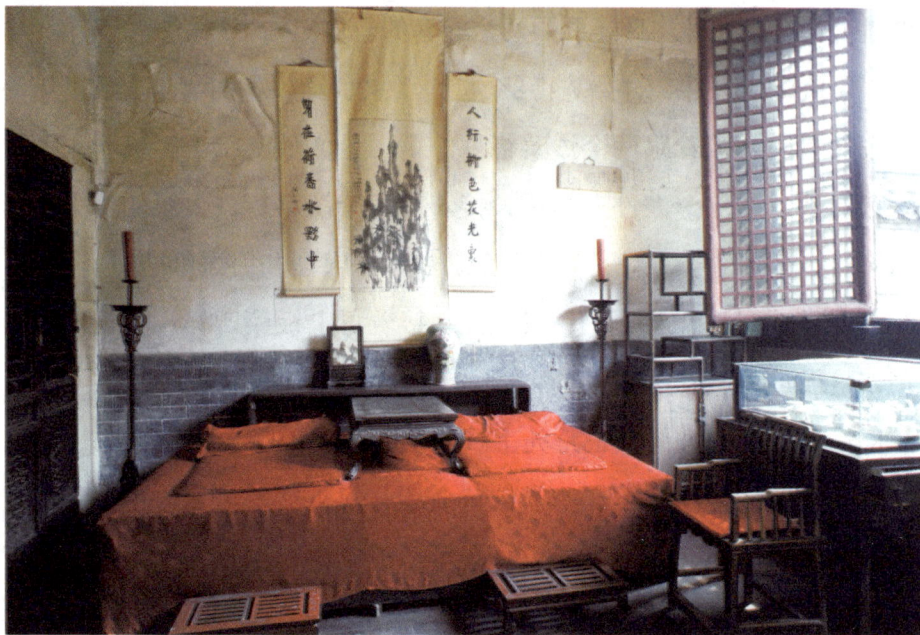

鱼翅、珍珠海参、玉带虾仁等。在饭菜方面，秋天是菊花火锅，两火锅一荤一素，冬天是杂烩火锅、什锦火锅和一品锅。

除此之外，孔府宴还有许多其他等级的宴席，根据等级不同，菜肴的数量和质量也有区别。

历史上的衍圣公，除了祭祀孔子、统摄宗族之外，便是广设华筵、迎来送往。衍圣公居家日常膳食谨遵勤俭祖训，"有例不可添，无例不可减"，一日三餐食谱也成定制。

孔子注重养生养怡，强调食养的效果。在孔子看来，膳食是养怡人生、保健身心的根本所在。孔子的后代也以此为要，从食物的选料到加工、配伍，都非常讲究。

据《孔子家族全书》记载，衍圣公夫妇早餐是桂圆汤、豆汁、米粥、油条、油火烧等。午、晚餐是八菜一汤，儿女可随意点菜。

此外，春季加风鸡火腿、夏季加西瓜菜、炸藿香、冰镇菜等，秋季加菊花菜、荷花菜，冬季加火锅。据孔德懋在《孔府内宅轶事》中回忆说，在20世纪初，孔府经济已经开始衰落，但膳食仍非常讲究。一般早上是6个家常小炒，喝豆粥，并有三四种面点。

豆粥是用上等小黄米面掺到豆浆中熬制而成，香浓滑爽。午餐和晚餐都要吃七八个炒菜，还要有银耳汤羹之类。

孔府日常食制为一日三餐，主食为面粉兼及大米与各种杂粮。日常膳食有荤有素，有软有硬，有干有稀，有酸有甜，四性五味俱全。至于随四时变化的膳食搭配等，在孔府中也都是有规律可循的。

在孔府的各种宴席和日常饮食中，包含了许多比较有影响的膳品，比较有名的有当朝一品锅、带子上朝、阳关三叠等。

孔府的这些膳品不仅制作讲究，外形好看，而且每一种膳品大都有一个典故或有一定的历史缘由，从这个方面也反映出了孔府深厚的文化底蕴。

当朝一品锅的出现和当时孔府的地位有关，明清以来，孔子后代世袭"当朝一品"的爵位，有极大的权势，是名副其实的公侯府第。

因此，在孔府菜系中，常用"一品"来命名的菜品较多，这无疑能够显示菜品的高贵。

当朝一品锅是孔府"满汉全席"中的首菜，后逐渐成为孔府高级宴席菜品，一品锅因菜用料不同，故有燕菜一品、鱼翅一品、什锦一品、素锅一品等。

"当朝一品锅"选料之华贵、用料之精细、制作工艺之繁杂，令人惊叹！

阳关三叠是孔府中一个特定的菜品,用于家人即将远行的饯行宴席。"阳关三叠"原是我国古代的名曲，又叫"渭城曲"。

唐朝著名诗人王维《送元二使安西》诗写道：

渭城朝雨浥轻尘，客舍青青柳色新。
劝君更进一杯酒，西出阳关无故人。

后来，人们将此诗编作送别之乐曲，反复诵唱，谓之"阳关三叠"。

孔府膳艺家以"阳关三叠"命名本菜品，颇有雅意。当时凡是孔家有人离府远行、他乡上任、进京受旨等离别场合，均献此品，用意表达离别之情。同时也借此让远行者牢记自己是"圣人"后代，不忘光宗耀祖。

阳关三叠的制作要用到鸡胸脯肉、猪肥肉膘泥、嫩白菜叶、菠菜叶、水发发菜、火腿、猪网油等多种主配料。还有用到盐、南酒、干淀粉、鸡蛋清、清汤、葱椒等多种材料。

在操作流程上要经过初加工、制茸泥、制形、炸制、改刀、装盘、点缀等环节。经过这套复杂程序制作成的阳关三叠，色泽金黄，外酥里嫩，鲜香爽口。

带子上朝原名"百子肉"。清代光绪年间孔府为铭记孔令贻奉母携妻进京为慈禧贺寿一事，就更名为"带子上朝"。带子上朝的传统做法是用一只鸭子带一只鸽子，一大一小放入盘中，别有风味，是孔府宴中一道大菜。

据记载，带子上朝的另一种做法是，先将五花方肉去净毛，刮除污垢洗净，下入沸水锅煮至六七成熟时捞出凉凉，用刀截去4个小角，在肉面上剞十字刀片，皮朝下放入砂锅的锅垫上。

接着，将莲子削去两端，去掉莲芯，嵌入肉面的十字刀口处，呈葵花状。

锅内放油烧热倒出，留油底，放入白糖熬溶，待大泡刚起，迅速加入清水、冰糖，等冰糖全部化开后，倒入砂锅内，上盖一大平盘。将砂锅放置在木炭

炉上，慢火煨烧数小时，待煨至猪肉酥烂呈紫红色时，提起锅垫将肉翻扣在大盘内，再将砂锅内汤汁收浓，浇在肉上即可。

制作成的"带子上朝"色泽红润，不仅味道鲜美，还有对人体的滋补之效。

镶豆莛是孔府厨师所创制的一款极费工时的精细豆芽菜，由孔府推出之后备受同行的钦慕。清乾隆年间创制，嘉庆时开始盛行。

在《清稗类钞》中这样记载"镂芽菜使空，以鸡丝、火腿丝满塞之，嘉庆时最盛行"。镶豆莛的做工之精致、细腻，实为罕见。

孔府家酒是祭孔活动中必不可少的一项，所酿之酒工艺独特，酒质香醇，深受达官贵人、皇亲国戚所称道，并成为皇宫的贡品。

孔府家酒选用优质高粱为原料，以小麦制成大曲为糖化发酵剂，引老龙头泉水为酿造用水，采用传统浓香型工艺等工序酿成。

孔府家酒无色透明，晶莹悦人，窖香馥郁，酒质醇绵，甜柔爽口，尾子干净，余味香长。

知识点滴

曲阜的酿酒业历史悠久，有材料说已有2000多年了，而孔府酿酒则始于明代。当时酿出的酒，是专为祭孔而用，后因到孔府走访的达官贵人较多，又逐步转为宴席用酒。

清代乾隆皇帝曾先后8次到曲阜祭孔，在他最后一次到曲阜祭孔时，在招待乾隆皇帝的宴席上，孔宪培拿出了孔府家酒款待皇帝，乾隆饮后，连连赞赏家酒味美好喝。

席间对孔宪培说，以后赴京时给我带上几坛家酒，还有西关的小羊羔。后来，孔府每年去皇宫进贡一切皆免，唯独孔府家酒和小羊羔不可少。因此，后人有"羊羔美酒"之称。

曲阜孔林

  孔林又名至圣林，位于曲阜城北1.5千米处，是孔子及其后裔墓地。公元前479年孔子葬于此地后，2400多年来其后裔接冢而葬。林内坟冢已10万余座，是我国现有规模最大、持续年代最长、保护最完整的一处宗族墓葬地。

  曲阜的孔府、孔庙、孔林，统称为"三孔"，是我国历代为纪念孔子，推崇儒学的表征，以丰厚的文化积淀、悠久历史、宏大规模、丰富的文物珍藏以及科学艺术价值而著称。

规模宏大的孔氏家族墓地

公元前479年，孔子逝世，他的弟子们把他葬于曲阜城北的泗水之上，那时还是"墓而不坟"，坟墓并没有高土隆起。到了秦汉时期，虽然后世将孔子的坟筑高，但仍只有少量的墓地和几家守林人罢了。

后来，随着孔子地位的日益提高，孔林的规模越来越大。157年，东汉桓帝刘志勅令鲁相修建孔子墓，把墓前砖祠坛换成了石头。石方1米，纵横各7块，又在墓前造神门一间，之后又在东南建造了一间斋宿，整体面积也只不过一公顷而已。

孔子墓整体看起来恰似一隆起的马背，所以又称马鬣封。孔子墓的封土东西长30米，南北宽28米，高5米。

到了明朝，朱元璋下令在墓前立石碑2通，前碑篆书刻有"大成至圣文宣王墓"字样，后碑篆书镌刻"宣圣墓"3个字，碑前有石供案、下酒池和石砌拜台以及砖砌花棂围墙等。

从正面看去，"大成至圣文宣王墓"几个字并不能看全。相传，朱元璋得天下之后，为了巩固统治，就采取了尊孔贬孟的政策，将孔子封为大成至圣文宣王。可太师刘伯温却对他说："您是王，孔子也是王，天下怎么能有两个王呢？"

朱元璋想了想，问道："封都封了，现在还能怎么办呢？"

于是，刘伯温出了个主意，就在墓前砌了一道栏杆，将墓上的王字挡住了一横。

墓前的石台始建于汉代，唐时改为泰山运来的封禅石筑砌，后来

历代都有所扩建。

　　孔子墓东为其子孔鲤墓，孔鲤是孔子的儿子，先孔子而死，并无特殊建树，但因其系孔子之子、孔伋之父，故被宋徽宗封为泗水侯，也被孔氏子孙尊为二世祖。

　　神道是连接孔林和曲阜县城城门的通道，神道的前段比较疏朗，建筑仅置有文津桥、碑亭和石坊，神道平直，两侧桧柏龙干虬枝，夹道侍立，营造出一种古老而又庄严的氛围。

　　神道中巍然屹立着一座万古长春坊，这是一座6楹精雕的石坊，支撑石坊的6根石柱上，两面蹲踞着12个神态不同的石狮子。

　　坊中的"万古长春"4个字，是明朝在修葺时增刻的，到了清朝雍正年间，又在坊上刻了"清雍正十年七月奉敕重修"的字样。

　　石坊上雕有盘龙、舞凤、麒麟、骏马、斑鹿、团花、祥云等，中雕二龙戏珠，旁陪丹凤朝阳纹饰，使整个石坊显得气势宏伟，造型优美。

坊东西两侧各有绿瓦方亭一座，亭内各立一大石碑，都是明朝的官僚郑汝璧及连标等人所立的。东面的石碑上面刻有"大成至圣先师孔子神道"10个大字，西面为"阙里重修林庙碑"。两碑都十分高大，碑头有精雕的花纹，碑下有形态生动的龟趺。

穿过厚实的神道放眼望去，碑碣、墓冢林立，古木森森，芳草吐碧。折而向西，便是洙水桥坊与洙水桥，位于孔子墓轴线南端，是孔子墓甬道的第一道大门。

洙水桥坊的两面各刻"洙水桥"3个字，后来在修葺的过程中，在北面署刻了明嘉靖二年衍圣公孔闻韶立字样，南面刻写了雍正十年年号，坊北有一券隆起颇高的拱桥架于泮水之上。

泮水本是古代的一条河流，与泗水合流，到曲阜北又分为两条河道。春秋时孔子在泮泗之间讲学，后人就以泮泗为儒家代称。但泮水河道久湮，为了纪念孔子，后人就将鲁国的护城河指为泮水，并修了

精致的坊和桥。

洙水桥的南北各有历代浚修洙水桥的碑记，桥上有青石雕栏，桥北东侧有一方正的四合院，称作思堂，堂广3间，东西3间厢房，是当年祭孔时祭者的更衣之所。

室内墙上镶嵌着大量后世文人赞颂孔林的石碑，如"凤凰有时集嘉树，凡鸟不敢巢深林""荆棘不生茔域地，鸟巢长避楷林风"等。

在院的东邻还有一座小院，门额上刻有"神庖"两字，是当年祭孔时宰杀牲畜之处。

此后一段时间内，中原连年战乱，孔林也遭破坏，林内树木所剩无几，仅有50多座墓葬。

到南北朝时期，以孔子墓为中心植树600株，蔚然成林。495年，北魏孝文帝拓跋宏驾临鲁地，亲自祭祀孔子，下诏栽种柏树，并为孔子修饰坟茔，逐渐恢复了孔林的规模。

之后，又修建了林墙。林墙全部用灰砖砌成，高4米，长7.3千米，占地20万平方米，墙中古木参天，茂林幽深，相传孔子的弟子，各以其故乡的树木种植于孔林之内，因而树种极多。

宋代宣和年间，又在孔子墓前修造石仪，此时，孔林的墓道轴线也就正式形成。

到了元朝，孔子的孙子被封为沂国述圣公，孔氏子孙将其尊为三世祖。孔伋继承并发展了孔子的学说，死后被葬在孔子墓的南面。

这样一来，孔子墓东为子孔鲤墓，南为孙孔伋墓，这种墓葬布局被命名为"携子抱孙"。在当时的民间一直都有"怀子抱孙，世代出功勋""父在子怀，富贵永远来"的说法。

因此，人们认为孔子墓的这种携子抱孙布局构成的风水，对圣脉兴旺是有作用的。

在孔鲤和孔伋的墓前立有两通石碑，孔伋墓前的一双石翁仲与享殿前相似，是北宋宣和年间遗物，原在享殿前，后来清雍正年间新刻的一对大翁仲占据了它们的位置，因而被移到了孔伋的墓前。

　　紧接着，又在孔林神道的尽头建造了一个木构牌坊大门，名为"至圣林"。大门是一座三间五檩悬山的门屋，筑于高台上，台高110米。大门正北处是二林门，是孔林的第二道大门。

　　二林门为一座城堡式的建筑，亦称"观楼"，四周筑有高墙，有4米左右，周长达7000米。孔林高大的墙垣将大门、二林门围连成一个封闭内向的纵深空间，其间桧柏挺拔，红墙夹峙中为狭长甬道，顺着古柏、红墙的为高耸的城楼，不由得令人肃然起敬。

　　到了明嘉靖年间，人们为了纪念子贡守墓6年，以及对孔子的敬意，就在孔子墓的西面修建了三间房屋。房子面东，朝向孔子墓。并在房前立碑一通，在碑上题有"子贡庐墓处"字样。

　　子贡原为财富满门的一方巨商，因敬仰孔子的学问，就弃商从学，虚心求教，很快就成为孔子的十大高徒之一。

　　孔子死后，闻讯的子贡特地从江南千里奔丧，丧事完后，和众弟子一起守墓3年。3年期满之后，子贡又独自守墓3年。

　　在此期间，子贡将南方稀有珍木楷树移植于孔子的墓旁，用于寄托自己对老师的一片真情。楷树木质坚韧，树干挺直，象征孔子为人师表、天下楷模。

　　1684年，明太祖朱元璋下令扩建孔林，使之成为200万平方米的规模。明万历年

间，在对孔林进行修葺的过程中，增建了享殿，并在洙水桥北建造了一座绿瓦三楹的高台大门，即为挡墓门，挡墓门后便是供奉孔子木制神位的享殿。

享殿的甬道旁有四对石雕，名为华表、文豹、角端和翁仲。华表是墓前的石柱，又称望柱。文豹形象似豹，腋下喷火，温顺善良，用于守墓。

角端也是一种想象的怪兽，传说它通晓四方语言，明外方幽远之事。翁仲为石人像，传为秦代的骁将，威震边塞，后来为了对称，就雕文武两个石像，均称翁仲，用于守墓。

甬道正面是享殿，殿广五间，黄瓦歇山顶，前后廊式木架，檐下用重昂五踩斗栱。享殿殿内保存有后来清代帝王弘历的手书"谒孔林酹酒碑"，碑中有"教泽垂千古，泰山终未颓"等诗句，十分珍贵。

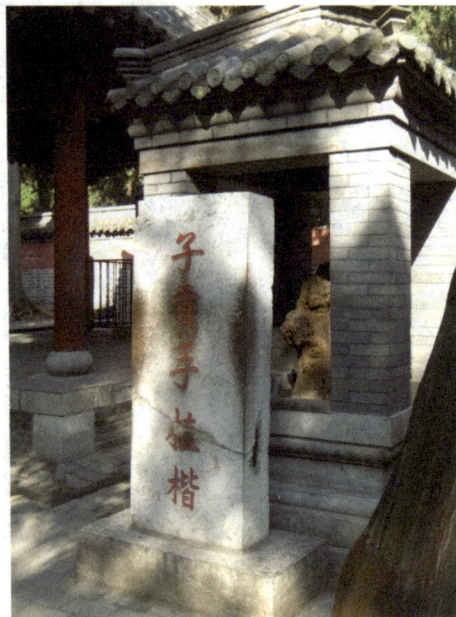

享殿之后有一座灰瓦攒尖顶的方亭，称为"楷亭"。亭内石碑上刻着一棵古老的楷树，即摹自其南侧的"子贡手植楷"。

楷亭北有三座四角多棂碑亭，为"驻跸亭"。跸是黄帝出行的车驾，此三亭即皇帝祭祀驻车之处。

北面绿瓦所覆盖的碑亭是为纪念宋真宗赵恒祭祀孔子所建的，中间及南面黄瓦所覆盖的二碑亭为纪念清帝玄烨及弘历祭祀孔子时所建，亭内还保留有大量当时的石碑。

在孔林东北方向，过一石坊后，路旁立一巨碑，上写"奉直大夫户部广东清吏司员外郎东塘先生之墓"，这就是清初茂名剧作家、《桃花扇》作者孔尚任的墓碑。

由此向西，有一座上书"鸾音褒德"的墓群，孔子的后裔孔谦、孔宙、孔彪、孔褒等均埋葬于此。

自汉墓群西行还有明墓群，那里墓冢点点，碑碣累累，石兽成群，明代著名书法家李东阳、严嵩等所书写的碑石立于其间。

在清朝时期，主要是扩大林地，对建筑有几次修葺。1730年，雍正帝敕令大修孔林，并耗银25000多两重修了各种门坊，并派专官守卫。据统计，自汉以来，历代对孔林重修、增修过13次，增植树株5次，扩充林地3次。

　　整个孔林周围垣墙长达7.25千米，墙高3米多，厚约5米，总面积为2平方千米，比曲阜城要大得多。孔林作为一处氏族墓地，2000多年来葬埋从未间断。在这里既可考春秋之葬、证秦汉之墓，又可研究我国历代政治、经济、文化的发展和丧葬风俗的演变。

　　林中墓冢累累，碑碣林立，石蚁成群，除孔子、孔鲤、孔伋这祖孙三代墓葬和建筑外，还有孔令贻、孔毓圻、孔闻韶、孔尚任墓等。

　　这里的墓碑除去一批著名的汉代石碑被移入孔庙之外，尚存有李东阳、严嵩、翁方纲、何绍基、康有为等历代大书法家的亲笔题碑，故而孔林又有碑林的美名，堪称书法艺术的宝库。

　　相传在远古时期，孔子的祖上及居住在曲阜附近的许多外姓人，都相信阴阳风水之说，并且都看中了孔林这块风水宝地，于是都将祖坟纷纷建在孔林附近，以求祖上保佑后代子孙能出达官贵人、光宗耀祖。

　　一天，张天师与土地老爷路过此地，也一眼就看出这是块宝地，但张天师和土地爷却清楚地知道谁家祖上尸骨埋得深，谁家便占了这宝地的风水，埋得浅的不但得不到祖上的庇佑，而且还有害。

　　于是张天师和土地神便运动法眼，一个坟头一个坟头地"扒"了看，结果只有孔家祖上的尸骨埋得最深，所以这块宝地的风水便让孔家占了，结果后来出了这位大教育家孔子大圣人。后来，孔林这块风水地便由皇帝下令，专门划给了孔家，成了人们所知的孔林。

知识点滴

墓葬制度中的"视死如生"

　　孔林是孔子及其家族的墓地，孔林里的墓很多，这些各时期墓葬的分布都有一定的规律性。

　　从墓碑看，汉代墓葬位于孔子墓的周围，南北朝至唐代因无墓碑难以确定其位置，宋代墓葬位于孔子墓西，金、元再向西发展，明代

再西至西北，清代向东、西、北三面扩展。

　　具体来说，汉、唐、宋各代墓散布在距孔子墓约500米的范围内，元代四座衍圣公墓集中分布在西北角。明朝共有9代10座衍圣公墓，全集中在西北角，逐代自东往西，斜向依次排列。

　　清康熙时，大规模扩建了孔林，达到后来的规模，除第六十五代衍圣公仍葬在林北原明朝孔林范围之内以外，其他11代衍圣公墓都分布在东北角，后代的全部安放在新开拓的林地之中。其他非嫡系后裔的墓群分布，多以其宗户自成范围，20世纪初的墓群更是遍及全林。

　　孔林内的墓葬分布和埋葬也有其独特之处，首先，林地的不断扩建为历代入林埋葬者提供了场所，使其形成一处面积在普天下独一无二的家族墓地。

　　其次，林内涵盖了历代埋葬者所遵循的埋葬习俗，为人们了解和考查历代的墓葬制度提供了依据。

另外，林内的地上地下保留了大量与丧葬习俗有关的建筑与石刻等，为人们直观了解历代的埋葬历史提供了实物资料。

孔林内历代所存的墓碑除汉碑移入孔庙之外，地面上还保存有宋、金、元、明、清等各代墓碑和谒陵题记刻石4000余通，其中不乏名家手笔，故而孔林又有碑林的美名，堪称书法艺术的宝库。

孔林内除碑刻外，还拥有大量珍贵的石刻文物，历宋、明、清各代，主要有石人、石马、石羊、石虎、石豹、石望柱等墓前石仪，又称石像生。

石像生是指古代在陵墓前建置的石雕像，谓其形状如生也。实际是模仿死者生前所用仪卫，作为死者侍从仪卫，并增加一些祥瑞性禽兽以作点缀。

孔林墓门后的甬道上就有这样的石像生，其中两对石兽，一对为文豹，另一对为角端。文豹微笑侧首坐立，角端形态温顺，仰首卧地，传说这些神兽神通广大。这些石雕立于宋宣和五年，均出自能工巧匠之手。

甬道旁另两对石雕，一对望柱，另一对翁仲。望柱是八棱石柱，与孔林内的华表有明显区别，华表中间带云朵；望柱却直插云端，两者作用相同，都象征着通往天门，是亡灵升天的必经之路。

翁仲一文一武，相对而立，文者手捧笏板，武者手按宝剑。其实翁仲本为秦始皇手下一员武将。据记载，他本姓阮，名翁仲，异于常人。出征匈奴时，作战英勇，所向披靡，死后铸像立于咸阳宫司马门外。此后，就通称墓前石人雕像为翁仲，后人多在墓前立文武翁仲一对，用于镇守墓茔。

孔林内另有明代石仪八组，清代石仪十组。所雕石人或温文悠闲，或神态威严，石马或瘦弱而神健，或肥硕而温顺，形象生动，对研究我国古代石雕工艺具有极高价值。

这些石仪散布于孔林各个角落，与石碑、古树交相辉映，形成孔林内动与静、远古与现实的对照。孔林内生长着40000余棵各类古树名木，是曲阜古树名木最集中、数量最多的地区。千年古树是历史馈赠给我们的活标本，活文物。

孔林最古老的名树，相传为孔子弟子子贡的"手植树"，原树已毁，只有根节位于享殿后。

子贡之后，孔子弟子后人多在孔林里栽树，经历代长期栽植衍生，至南北朝时期已初步成林。

明清两代时期，孔林内不断扩林种树，使林内树木有了较大的发展。清道光年间经林头、林役统计：各按方界，挨次遍查数目，查得红墙内并五界，以及神道一切大小树棵，总共17285棵，并造册上报。

这是孔林历史上树木数量最多的记载。作为家族墓地，孔林延续了2000多年，大大超过了历代帝王的陵墓。

林内墓冢各种葬式的安排、墓葬之间的排列分布、不同世系之间的墓主位置、墓上建筑及石仪的增减等，从不同层面形象地反映了我国古代墓葬制度中"视死如生"的习俗。

知识点滴

传说，孔子携弟子去防山游玩，回归途中见一猎人张弓搭箭射乌鸦，被射杀的乌鸦应声倒地，但是成群结队的乌鸦挡住了猎人去路，黑压压地遮住了半边天。猎人见状，只好扔掉死乌鸦仓皇逃走。乌鸦纷纷落地，将死鸦围在中间，悲哀啼鸣。

孔子见状，就上前挖了一个深坑，将死鸦埋葬。成千上万的乌鸦，纷纷向孔子点头致谢之后，就飞走了。

后来，又一次，孔子在路上遭遇歹人袭击，这时，不知从何处飞来大群乌鸦，啄散歹人，护送孔子回到孔府，这些乌鸦被后人称为孔圣人的三千乌鸦兵。在孔子逝世后，这些乌鸦兵聚集守卫在孔子的灵魂所在地孔庙，形成了"孔庙乌鸦成群，孔林乌鸦不栖"的奇特现象。

孟庙孟府

孟府及孟庙位于山东省邹城南门外，庙、府毗邻。孟庙又称亚圣庙，是历代祭祀战国时思想家孟子之所。

孟庙为五进院落，以亚圣殿为中心，南北为一中轴线，左右作对称式排列，充分体现了我国劳动人民的创造才能和古建筑的特点，是宋元至明清时期的古建筑代表作品。

孟府也称"亚圣府"，前后有七进院落，楼、堂、阁、室148间，以主体建筑大堂为界，前为官衙，后为内宅，整体布局大方气派，典雅中透着威严。

儒家亚圣的祭祀朝拜圣地

　　孟子，名轲，是我国著名的思想家、教育家，战国时期儒家的代表人物。孟庙又称亚圣庙，位于山东省邹城市城南，是历代祭祀孟子的场所。

　　孟子继承并发扬了孔子的思想，成为仅次于孔子的一代儒家宗

师，对我国文化的影响全面而巨大，有"亚圣"之称，与孔子合称为"孔孟"。

"亚圣"作为官方称谓，起源于元代。元文宗孛儿只斤·图帖睦尔加赠孟子为"邹国亚圣公"，孟子开始被尊封为"亚圣"。

孟庙呈长方形，院落五进，殿宇64间，占地4000平方米，庙内古树苍郁，葱笼茂密，堪称奇观。孟庙正南门为"棂星门"，是孟庙内的第一座木架结构门坊，坊额上楷书"棂星门"3个光彩夺目的贴金大字，是后来清朝同治年间的山东巡抚丁宝桢的手书。

据《后汉书》记载：

棂星，天田星也。欲祭天先祭棂星。

古人认为"棂星"是天上的文星，"主得士之庆"，天子祭天必先祭棂星。孟庙第一道大门以"棂星"命名，即意味着孟子是天上的文星下凡，也含有尊圣如天的意思。

棂星门四柱三洞，雕梁画栋，色彩绚丽，重檐斗拱，凌空欲飞，高大威严。在封建社会，棂星门只有每年农历二月和八月举行祭祀孟子大典之日，或者皇帝和钦差大臣前来拜谒孟庙之时才打开，平时闭门不启，以示严肃庄重。

门内东西两边各建有一座互相对称的歇山转角、斗拱承托的木坊，东名"继往圣"，西名"开来学"，以此来表彰孟子对儒家学说起到的"承先启后，继往开来"的功绩。

进棂星门为孟庙的第一进院落，北墙正中是座精雕细刻的石坊，名为"亚圣坊"，也是孟庙第二道门坊。这座石门坊为四柱三门，柱为八棱，顶端装饰古瓶、朵云，类似华表。

坊额正中刻楷书"亚圣庙"3个字，东侧门楣坊心线刻云龙，西

侧门楣坊心线刻长有双翼展翅飞翔于流云之中的翼龙。石坊东侧竖有1581年明朝时期的《邹国亚圣公庙》石碑一通。据碑文可知，这座门坊原为明代的孟庙大门。

穿过亚圣庙石坊，便进入孟庙第二进院落。院内古柏苍苍，翳天蔽日，虽历经沧桑，依然枝干挺拔。院中有一条砖铺甬道，直通"仪门"。这是一座歇山式斗拱承托三启门洞的高大门楼。门额上悬一竖匾，上书"泰山气象门"5个大字，所以仪门也称泰山气象门。

"泰山气象"4个字取义于程子之说：

> 曰仲尼元气，颜子春生，孟子并秋杀尽盖亦时然而已。
> 仲尼天地也，颜子和风庆云也，孟子泰山之气象也。

过仪门便是孟庙的第三进院落，院内的东西两侧各建有一门，是平常出入孟庙的通道。东门原名为"钟灵门"，西门原名为"毓秀

门"，后来清乾隆年间进行修葺时，将门名分别改为"知言门"和
"养气门"，二者取义于《孟子》七篇中的"淫辞知其辟"和"我善
养吾浩然之气"。

知言门和养气门南侧分别建有"祭器库"和"省牲所"，是专门
存放祭祀孟子用的祭器和祭品的。

在知言门外，植有45棵桧柏，沿庙墙一字排列，桧柏拔地参天，
姿态万千，颇为壮观。最南端的一株是世所罕见的"柏抱槐"。

柏抱槐在3人才能搂抱过来的古老的侧柏树干之中，从根部起在树
干中心突生出一株巨槐，两树身干合为一体，上面虽枝叶交错，但柏
槐判然，青葱茂密，是我国罕有的双树寄生，有人把"柏抱槐"形容
为"夫妻树"，观其连理缠绵，相依为命，相互拥抱，永不分离的形
态，的确有深情厚爱的象征意义。

院内的北壁有并列着的3个
门，中为"承圣门"，东为"启贤
门"，西为"致敬门"。"承圣"两
字，取孟子上继尧舜禹汤文武周孔
统绪之含义。而"启贤"则含有赞
颂孟子父母有"启毓圣贤"之贡献
的意思。

在养气门外，建有一座横跨大
街的木坊，为四柱三洞，丹甍碧
瓦，飞檐翘角，彩画鲜明。檐下半
拱11踩5翘，正中一间悬山式坊顶
高出两侧歇山式坊顶，主次分明。

4个歇山式坊角向外伸出，高高翘起。木坊正中门楣横书"亚圣"两字，故名"亚圣木坊"。

承至门左侧，建有一座高大的碑亭，重檐翘角，斗拱承托，绿色琉璃瓦覆顶，贴金彩绘，富丽堂皇。亭内放置清康熙的《御制孟子庙碑》一幢，故称此亭为康熙御碑亭。碑额浮雕泰山祥云、二龙戏珠等图案，雕刻技艺精湛，形象逼真。

碑座为一巨大石雕，狮头、龟背、鹰爪、蛇尾的似龟非龟怪兽。据徐应秋《玉芝堂·龙生九子》中说，此兽叫"霸下"，又叫"赑屃"，传说是龙的第六个儿子，喜文好负重，力大无穷。这块石碑是孟庙中最大的一块石碑，碑文字体工整秀丽，是清圣祖玄烨所御笔亲书的。

碑亭东侧竖有《孟母断机处》《子思子作中庸处》《孟母三迁祠》和乾隆皇帝《述圣子思子赞》《述圣子思石刻像》等石碑数幢。

　　这些石碑原来立在古城南门外左侧的"孟母断机堂"和"子思书院"处，因这两处古建筑毁于战火，故遂移至孟庙内保存。

　　进入承圣门便是孟庙的第四进院落，即中心院落，孟庙的主体建筑"亚圣殿"就坐落在院中高台之上。亚圣殿前建有"东庑"和"西庑"各七楹。

　　院内甬道东边建有"乾隆御碑亭"一座，为单檐斗拱、黄色琉璃瓦覆顶的方形建筑，亭内立有乾隆皇帝手书的《亚圣孟子赞碑》。

　　在亚圣殿前的露台之下有一口古井，井畔围有石栏，井名为天震井。亚圣殿是孟庙的主体建筑，殿为7楹，高17米，进深20米，横宽28米，是一座绿色琉璃瓦覆顶、重檐歇山式宫殿型建筑。大殿四周，列有擎檐的巨型石柱26根，每柱都呈八角形。柱下以石鼓为础，彭下又以石刻覆莲作承托。

　　据考证，石刻覆莲是宋代建造此殿时所刻制，而巨型石柱则为明代维修此殿时所制。殿前廊檐下的8根石柱，都饰以浅浮雕，殿门两侧4柱正南面镌刻翼龙在云中翱翔，栩栩如生，世所罕见。其余各面刻有宝相牡丹或缠枝西番莲花。

殿檐下的梁坊斗拱皆饰以云龙和彩绘贴金工艺，可谓精美绝伦。大殿正面重檐之间，高悬一匾，上书"亚圣殿"楷书贴金大字，四周环绕5条金龙。

殿之正面朱槅并列，正中门额上悬挂"道阐尼山"横匾一块。殿内承以8根巨型朱漆木柱，迎门两柱正面凸镌一副巨型抱柱对联：

尊王言必称尧舜；

忧世心同切禹颜。

门匾和对联都是后代的乾隆皇帝手书。大殿正中，在雕龙贴金的神龛内，供奉着衮冕九旒九章的孟子塑像。东侧神龛内，供奉着孟子弟子利国侯乐正子的塑像。

乐正子，复姓乐正，名克，战国时鲁国人，1115年被封为利国侯。孟子曾以善人、信人称之。朝廷封侯时诏旨称乐正子为"学古之道好善，优于天下，追以侯爵，其配食焉。斯文之光，万古不泯"。

殿内殿顶为团龙彩绘的承尘藻井，精美绝伦。在藻井之下，横悬清雍正皇帝手书"守先待后"金匾一块。宏伟壮观的亚圣殿，除用于纪念孟子之外，还是一处集古代建筑、雕刻、铸造、绘画于一体的艺术博物馆。

亚圣殿既有创建时的石刻覆莲柱础，也有明代大修时增添的减地浅线雕刻石柱，还有清康熙年间重建的木架结构，可谓古代建筑的典范。它与曲阜孔庙的"大成殿"遥相呼应，相得益彰。

"两庑"位于亚圣殿前东西两侧，为左右对称式建筑，历代经过多次修葺。两庑各7楹，高8米，纵深8米，横宽25米。两庑是供奉孟子弟子和历代对于孟子学说有研究有贡献的学者的场所。孟子弟子从祀始于宋代，据记载：

元贞元年，居敬既修建县学，为营两庑新阶，配公孙丑而下十有九人，冕服视爵秩从祀焉。

两庑室内各建神龛3座，内安放木制神主牌位，但是却没有塑像。东庑3龛共从祀11人，南龛为

先儒高子、先贤公都子、先儒盆成括。

高子是战国时期齐国人，曾从师于孟子，宋时封爵为泗水伯，清乾隆时改称为先儒高氏。

公都子为楚国人，孟子称他有学业，并有好辩之问，有性善之问，又与孟季子有义内之辩。宋时封爵为平阴伯，清乾隆时改称先贤公都子。

盆成括复姓盆成，名括。孟子称其"小有才，未闻大道，仕齐见杀"。宋时封爵为莱阳伯，清乾隆时改称为先儒盆成氏。

中龛从祀先儒屋庐连、先儒浩生不害、先贤公孙丑、先儒陈臻和先儒钱唐。

屋庐连复姓屋庐，名连。"尝著书言彭聃之法。后学于孟子，与任人辨礼与食、色之轻重，及论季子储子之交际"。宋时封爵为奉符伯，清乾隆时改称为先儒屋庐氏。

先儒浩生不害为齐国人，"兼治儒墨之道者，尝学于孟子，而不能纯彻性命之理"。宋时封爵为东阿伯，清乾隆改称为先儒浩生氏。

先贤公孙丑为齐国人，"有政事之才"和"不动心"之问，曾经仰慕管仲的才学，并从师于孟子。宋时封爵为寿光伯，清乾隆时改称为先贤公孙子。

先儒陈臻。齐人，《孟子》中载有他与孟子关于"辞受、去就、收予之礼"等问题。宋时封爵为蓬莱伯，清1756年改称先儒陈氏。

先儒钱唐，字惟明，是浙江象山人。明初任刑部尚书。明太祖朱元璋因《孟子》中有"君之视臣如土芥，则臣视君如寇仇"之句，勃然大怒，议罢孟子配享。并下诏说如果有谁觐见或上奏折，就以大不敬论处，且命金吾射之。

钱唐抬棺上朝，抗疏入谏说："臣为孟轲死，死有余荣。"朱元璋被钱塘的真诚所感动，并没有定他的罪，而且还罢废了配享之议，后来在清同治年间附祀于东庑。

北庑从祀的是先儒韩愈和先儒子叔疑。韩愈字退之，河南河阳人，唐代著名的文学家、哲学家。思想上尊儒排佛，极端推崇孟子，谓孟子"功不在禹下"。因其推尊之功，宋时在正殿的西侧立祀祭奉，其封爵为昌黎伯，清乾隆时改称为先儒韩氏。

先儒子叔疑是孟子的弟子，宋时封爵为承阳伯，清乾隆时改称先儒子叔氏。

西庑3龛，从祀9人。南龛从祀的为先儒季孙氏、桃应和孔道辅。

季孙氏为孟子的弟子，宋时封爵为丰城伯，清乾隆时改称为先儒季孙氏。先儒桃应也为孟子弟子，据说他"有皋陶为士、瞽瞍杀人之问"。宋时封爵为胶水伯，清乾隆时改称为先儒桃氏。

先儒孔道辅，字原鲁，孔子的第四十五代孙。宋景佑年间，知兖州府访得孟子墓在四基山之阳，于是"傍冢为庙"，成为祭祀孟子的开始。同时，他访得孟子的后裔，并荐于朝廷授予官职。乾隆时"部文颁示称先儒，位在唐韩愈之下"。

中龛从祀的是先儒孟仲子、先贤万章和先儒充虞。孟仲子一说是孟子的昆弟，一说为孟子的儿子。宋时封爵为新泰伯，清乾隆时改称先为儒孟氏。

先贤万章为齐国人，孟子的弟子。孟子去齐，"退而与万章之徒，序诗书，述仲尼之意，作《孟子》七篇。"《孟子》中第五篇即

为万章篇。宋时封爵为博兴伯，清乾隆时改称为先贤万子，并在邹城西南3000米处建万章之墓。

先儒充虞是孟子的弟子，有"木美之问"和"不豫色之问"，并以孟子以前所言"君子不怨天，不尤人"来慰藉孟子。宋时封爵为昌乐伯，清乾隆时改称为先儒充氏。

北龛从祀的是先儒彭更、先儒徐辟和先儒咸邱蒙。彭更为孟子的弟子，曾问孟子说："后车数十乘，从者数百人，以传食于诸侯，不以泰乎？"

孟子回答说："非其道，则一箪食不可受于人。如其道，则舜受尧之天下，不以为泰，子以为泰乎？"

宋时封爵为雷泽伯，清乾隆时改称为先儒彭氏。

徐辟为孟子弟子。宋时封爵为仙源伯，清乾隆时改称为先儒徐氏。咸邱蒙复姓咸邱，名蒙，齐国的一名隐士，也是孟子的弟子。宋

时封爵为须城伯，清乾隆时改称为先儒咸邱氏。

亚圣殿之后为寝殿，有高筑的甬道同亚圣殿后檐台相连接。亚圣殿始建于元代，原名为"邹国公祠堂"，是供奉孟子父母的殿堂。

后来到明弘治年间对孟庙修葺时，将殿名改为"寝殿"，成为祭祀孟子夫人田氏的专祠。殿内供奉"亚圣夫人田氏之位"的木制牌位，后又改为展览孟子生平事迹的地方。

寝殿为五楹歇山式建筑，高11米，纵深12米，横宽21米。殿前露台之下甬道右侧竖有元代同时镌刻有八思巴文和汉文互相对照的褒崇孟子父母的《皇帝圣旨碑》。

露台和甬道之上有3棵古桧树，相传在北宋年间种植，已经有近千年的历史，但是古桧柏依然青翠蓊郁，苗壮茂盛。

启圣殿原名为"邹国公殿"，是供奉孟子父亲启圣邹国公的殿堂。启圣殿位于孟庙的第四进院落东路，启贤门内，亚圣殿左侧。殿为5楹，四周出厦，单檐歇山式建筑。殿高10米，东西横宽12米，南北纵深10米。

孟子的父亲名激，字公宜。殿正中的神龛内便安置着冠服七旒七章的孟子父亲塑像，像前木牌位上楷书"启圣邹国公之位"。

在启圣殿的西侧，碑碣林立，是孟庙各类石碑的存放之处，称为孟庙碑林。碑林保存了孟庙历代碑碣280多通。

孟庙碑林实为研究我国文字沿革变化和历代政治、经济、军事、文化、社会及书法艺术发展变化提供了珍贵的资料，是我国除西安碑林、曲阜孔庙碑林之外的又一大型碑林。

在这些碑刻中，宋代封赠孟子的《尚书省牒文碑》和《先师邹国公孟子庙记》碑，对研究考证孟子的封赠及孟庙变迁历史是非常珍贵的实物资料。

除碑刻外，还保存近代从各地陆续收集来的汉代石人、石羊，有隋唐的石造像，元代的盘龙高浮雕石柱，明代石棺等，还有100多块汉代墓画像石，有西汉的多线刻、浅雕人物、龙兽，东汉的各类浮雕。

孟母殿位于启圣殿之后，有高筑甬道相通，是供奉孟子母亲的殿堂。该殿原名为"宣献夫人殿"，后来改为了孟母殿。殿高8米，东西横宽11米，南北纵深9米。

殿内没有塑像，正中神龛内安放一木主牌位，其上楷书"邹国端范宣献夫人之位"。东壁有一神龛，内放孟子的立体石刻像一尊。

据旧县志载，这尊石刻像是宋景佑年间孔道辅修理孟母墓时所刻制的，定名为"孟子自刻为母殉葬石像"。

殿内西侧竖有1749年清乾隆皇帝的致祭碑，后人称誉孟母"三迁之教，炳彪天壤。子之圣即母之圣"。《韩诗外传》载："对孟子之语实天下为人姑者之模范，矧独母教而已哉。"

致严堂位于亚圣殿西侧孟庙第四进院落西路，穿越致敬门为一方形过道小院，正北有一门名为"斋戒门"，门内是一座雅静秀丽的小庭院。院内外四周墙壁上镶嵌着50多通碑刻，多为历代名人文士前来孟庙晋谒游览留下的诗词题咏。

院北建有堂三楹，即"致严堂"，取意于"祭则致其严"，即严肃、诚敬之意。堂中悬有1911年孟子第七十三代孙孟庆棠手书的"致严堂"横匾一块。此堂原名"斋宿所"，是孟子嫡系后裔祭祀前沐浴、更衣、斋戒之所。

桃主祠位于亚圣殿之西侧，致严堂之后。亚圣殿西侧有一小门，名为"义路"，可通往桃主祠院。桃主祠是孟氏家庙，确切地说是孟氏远祖之

庙，建于1830年。

祠为3楹，高7米，东西横宽10米，南北纵深8米。祠内安放孟氏大宗户五代以上至二世祖的木制神主牌位。古时卿大夫立庙，祀太高祖以下五世，再上，则祧而迁其主。孟氏大宗，以孟子为不祧之祖。

孟府大堂东侧建有"五代祠"，祀大宗主昆之五世，降则迁其太高祖以上之主于此，远依始祖，昭穆秩然。祠门上正中悬挂一竖匾，上书"孟氏大宗祧主祠"7个字。

焚帛池位于祧主祠之后的一个独立小院内，孟庙寝殿的西侧。院子的东南向开有一小门，与亚圣殿院相通。院的正中建有一座方形垣墙，门向正南，其内正中偏北建有一须弥座的砖台，台上放置一石雕长方形池子，正面刻有楷书"焚帛池"3个字。孟氏后裔每次祭祀祖先后，即在此处焚烧祭文。

在焚帛池院的西垣墙上，斜倚着一株古槐，经测量，原树干直径在6米以上。古槐干枯的树皮上又重新生长出新的树干，高大茂盛。

中空的树干形成直径约1米的圆洞，入夜，明月从洞中透出，被称为"洞槐望月"，颇富古雅奇趣，成为孟庙的一景。据考证，这棵槐树的年龄要比孟庙的历史还要长。

孟庙古树繁多，是孟庙一大奇观。庙内共有各种树木多达430多株，多为古老的松桧和侧柏，又有银杏、古槐、紫藤等点缀其间。这些树木，冬夏长青，形状特殊别致，如虬如龙，如兽如凤，千奇百怪，姿态各异。

而翱翔栖息于古木中的各类飞鸟，也是孟庙的一景。古木森蔚的孟庙内，各种鸟类群集于此。尤以灰鹤居多，数以千计。

每逢夏季，游览于孟庙之内，观古树云鹤，听松涛轰鸣，闻扑面清香，心旷神怡。

知识点滴

孟子从小丧父，全靠母亲一人日夜纺纱织布，她希望自己的儿子读书上进，早日成才。

一次，孟母看到孟轲在跟邻居家的小孩儿打架，孟母觉得这里的环境不好，于是搬家了。

一天，孟母看见孟子学邻居铁匠师父打铁，孟母一想，这里环境还是不好，于是又搬了家。

这次她把家搬到了荒郊野外，一天，孟子看到一个送葬的队伍，就学着用树枝挖开地面，并把一根小树枝当作死人埋了下去。

于是，孟母第三次搬家了。这次家的隔壁是一所学堂，每月夏历初一这个时候，官员到文庙，行礼跪拜，互相礼貌相待，孟子见了之后都学习记住。孟母才满意地将家定在了这个地方。

后来就用"孟母三迁"来表示人应该要接近好的人、事、物，才能学习到好的习惯。

官衙与内宅合一的嫡裔宅第

　　孟府，又称"亚圣府"，位于邹城南关，孟庙的西侧，庙、府仅一街之隔，是孟子嫡系后裔居住的宅第。自从孟子被元文宗孛儿只斤·图帖睦尔封为"邹国亚圣公"之后，孟府开始被称为亚圣府。

　　孟府始建年代不详，据孟庙内保存的《孟氏宗传祖图碑》记载：

　　　　宋仁宗景祐四年，孔道辅守兖州，访亚圣坟于四基山之阳，得其四十五代孙孟宁，用荐于朝，授迪功郎，主邹县簿，奉祀祖庙。迪功新故宅，坏屋壁乃得所藏家谱。

　　说明早在北宋年间就已修建了孟府，只是地址不详。根据孟府大堂前现存几棵相当古老的桧树，紧同孟庙毗邻的建筑布局来考证，在1121年第三次迁建孟庙于城南的同时，在孟庙的西侧建造了孟府。

　　孟子嫡系长子在明代前，一直都袭封着邹县的主薄，并开始世袭"翰林院五经博士"，以后从未间断，到了民国改称为"奉祀官"。

　　"五经博士"和"奉祀官"都是虚职，没有实际权利，但是却世代相袭，世代显赫，而且经历800多年不衰，形成少见的贵族世家。其主要指责是：看护维修林庙，祭祀先祖，弘扬儒家文化。

　　孟府建成之后，历经金、元、明、清数次的重修和扩建，形成了后来的规模。庙内古木森蔚，碑碣林立，庙周围有红墙护围，总面积约43000多平方米。

　　孟府平面呈长方形，南北纵长226米，东西横宽99米，前后共有7

进院落，拥有楼、堂、阁、室共计148间，是我国规模宏大、保存完整、较为典型的官衙与内宅合一的古建筑群和封建地主庄园之一。

孟府大门为三楹单启硬山式建筑，当地人们也称为"衙门"。门楣正中悬有匾额，上书"亚圣府"3个大字，黑漆的大门上绘有约2米高的彩绘门神。

大门前东西两侧原各建有一座四柱三门式木坊，名为"旌忠坊"和"旌表节孝坊"。两坊上额正中皆悬挂有"圣旨"两字的竖匾一块，是明熹宗朱由校为表彰孟子第六十代孙世袭翰林院五经博士孟承光及其母孔氏、长子孟宏略忠于朝廷所建。

大门正南建有高大的影壁，一对精雕石狮子雄踞于大门左右，门阶两侧有上马乘车用的方形石台一对。大门内东西两侧有一排砖瓦小房，是当年差役和守卫人员居住之处。

穿过大门里面的第一进院落，正北为二门，也叫"礼门"。其建筑格式基本同于大门，但门洞为三启，正中门楣上横书"礼门义路"4个字。

六扇黑漆大门的正中两扇彩绘有顶盔披甲的执刀武士，而两侧的四扇则彩绘着执笏的文官形象，显示出孟府一派威严煊赫的气势。

二门之内是一座飞檐彩拱门楼，名为"仪门"。仪门两边不与垣墙连属，类似于遮堂门，木结构，左右仅有圆柱两根，下面石鼓夹抱，上面承托着彩绘大屋顶，前后缀着4个倒垂的木雕花蕾，故又名为"垂花门"。

仪门平时紧闭不启只有皇帝幸临、宣读圣者、举行喜庆大典或重大祭祀仪式时，才会在鸣礼炮13响后徐徐开启。这种仪门，在我国古代只有列土封侯的"邦君"才有资格建造，所以又称为"塞门"。

仪门之后的院中有一片高出院落的方形露台，两侧竖立有精雕的夔龙石栏和青砖花墙围护的丹墀，两株有着数百年树龄的参天古桧，在台前甬道两侧遮天蔽日。

丹墀的东南角设置有"日晷"，西南角设置有"嘉量"，完全仿效皇宫的格式。其后便是五楹出厦的正厅，即孟府的主体建筑"大堂"。孟府大堂是孟子嫡裔世袭翰林院五经博士开读诏旨、接待官员、申敕族规家法、处理公务的地方。

　　大堂高大宽敞，堂前檐下正中悬挂着清雍正皇帝手书钦赐孟子第六十五代孙孟衍泰的"七篇贻矩"堂匾，龙边金字，熠熠生辉。门两侧檐下廊柱上，悬挂着隶书金字抱柱楹联。大堂内正中，设有高出地面的木制暖阁，内设公案。案上摆放着文房四宝、签筒、印合。两边有一副对联：

礼门仪路加规矩；
智水仁山古画图。

　　大堂内原还悬挂一副孟子嫡裔、第七十代孙孟广均书题的楹联：

传家世守三迁训；
七篇仁义报国常。

　　暖阁两侧陈列"肃静""回避"、伞、扇、旗、锣等各种执事和"世袭翰林院""五经博士"等官衔牌，以及黑红棍、皮鞭等刑具。

　　大堂前东西两侧，是孟府管理祀田、庶务、礼生、乐生、司书、执事等办公机构的场所，大堂前的左右设鼓乐楼为奏乐之处。

　　在大堂东侧一处独立的小院中，有一处三楹硬山式建筑，是孟氏宗族家祠，称为"五代祠"。祠内安放孟氏世袭翰林院五经博士五代的木主牌位，再上则被迁放到了孟庙的"祧主祠"内。

　　大堂西侧，有一曲尺形独特建筑，名为"见山堂"，是当时孟氏后裔接待和宴请宾客的场所。与见山堂相对月亮门外，竖着一块玲珑的太湖石，上面刻有清代金石学家阮元和孔子后裔"玉虹楼"主人书法家孔继涑的手书诗词。

　　大堂之后便是孟府的内宅，内宅门的外檐木坊上，镂雕有"鲤鱼

跳龙门""麒麟送子""鹤鹿同寿"等各种图案，门两侧倒悬着雕花垂珠，工艺相当精美。

内宅一般人不得擅自入内为加强防范，门前辟有一条幽径，左右两侧各有一角门，名为更道，是当年为内宅巡逻的更夫行走的通道。

内宅的第一进院落是上房院，又名"世恩堂院"，是孟子嫡裔翰林博士居住处。世恩堂是我国一座典型的四合院建筑，院北是雕梁画栋、彩绘华丽、明三暗五、前后都有回廊的正厅，即"世恩堂"。

明间正上方悬挂有"世恩堂"的楷书巨匾，相传为清代著名书法家铁保所书。堂内陈列着古玩字画、床榻橱柜等。正壁上有孟子嫡裔、第七十三代孙孟庆棠书题对联一副：

锦世泽莫如为善；

振家声还是读书。

　　两次间以雕花菱龙及格扇门相隔，两稍间为硬夹山，有房门通连。堂内陈设有橱、柜、八仙桌、太师椅、雕花顶子床等古木家具，壁上挂有蟠桃祝寿及王景禧等名人字画。案几上陈列有玉器、古玩等。

　　世恩堂后为赐书楼，是存放皇帝钦赐的墨宝、圣旨、诰封、古籍文献和家族档案的地方。两层楼房，每层3间，前后出厦，硬山式，典型的明代建筑。

　　上层前后对开三对较小楼窗，木制楼梯设于西山墙处，扶手栏杆古朴典雅。为了防火，木质楼板之上又加铺一层方砖。上层正中曾悬挂清代吴企宽所书篆体"赐书楼"横匾一块。

　　缘绿楼位于孟府第六进院落，为两层小楼，每层各5间。缘绿楼与赐书楼后小四合院，都是孟氏嫡裔亚圣奉祀官的前五代近族居住处。楼正中的明间南北直对孟府的大门，是孟府第七进院落的中轴线。

　　前学和后学位于缘绿楼的西侧，是两组古老的四合院建筑。清道光年间，孟子第七十代裔孙世袭翰林院五经博士孟广均曾在"前学"和"后学"办学招收孟氏后裔子弟学习，称"三迁书院"。后"两学"逐渐荒废，孟府最后是孟府花园。

孟府内现还保存着封建帝王所赐的朝服、龙袍、圣旨、诰封、家族档案、印书木版、古书字画等大量珍贵文物，是研究封建社会政治、经济和地方历史的宝贵资料。

孟林是孟子及其后裔的墓地，孟林前有神道，道中有一单孔石桥，桥旁立一石碑，上书"亚圣林"，是书法家欧阳中石所书写的。

过桥石叠甬道直通享殿的大门，享殿为孟林的主体建筑，殿内存石碑8通，记载了孟林的创建和扩置情况。享殿后为孟子墓，墓前有清道光年间立的"亚圣孟子墓"碑，碑前有石供案和石香炉。

孟子墓西北有3座古冢，相传为鲁国孟孙、季孙、叔孙之墓。孟林内现有柏树、桧树、柞树、榆树、楸树、槐树、枫树、楷树等各类树木上万棵，多为宋、金、元、明、清各代所栽植，异常珍贵。

知识点滴

在历史上，有很长一段时间人们都不知道孟子死后究竟埋葬在什么地方。直至1037年，北宋景祐年间的兖州知府，也就是孔子的第四十五代子孙孔道辅寻访到孟子的墓地。

孔道辅仔细分析了孟子的晚年生活范围，最终确定孟子居住在邹县，并终老于这里。

经过多次的探查和走访，最后确认在四基山，并且上书报告给朝廷。皇帝因此而表扬孔道辅办了一件大好事，并开始大兴土木。经过900多年的不断修葺和扩建，孟林的林地不断扩大，庙堂也不断增修，逐渐形成现有的规模。